느린 인간

느린 인간

이열 글·사진

나무 사진가가
들려주는 이야기

글항아리

차례

서문 7

화보 11

이야기

1 제주의 상징 폭낭 33
2 천 년의 올리브나무 41
3 신들이 사랑한 나무, 바오밥 49
4 800년의 기다림, 볼음도 은행나무 57
5 천 년을 산 제주 왕폭낭 65
6 지구의 지붕, 그 아래 랄리구라스 71
7 수많은 생명의 안식처, 맹그로브 79
8 이순신 장군도 쉬어간 대벽리 왕후박나무 87
9 우실로 마실 가다 91
10 아닐 비非, 비자榧子나무 97
11 동백꽃이 언제 가장 아름다운가요? 103
12 예수의 가시관, 산사나무 111
13 원시의 꽃 목련 117
14 숲의 지배자, 서어나무 123
15 맛있는, 그러나 매서운 망고나무 129
16 참성단 소사나무 135
17 비처럼 음악처럼, 레인트리 141
18 후박엿 후박나무 147
19 분계해변 여인송 153
20 결혼에 성공한 준경묘 미인송 159
21 시민의숲 플라타너스 165

22 과거와 현재가 공존하는 가림성 느티나무 171
23 신주쿠 교엔 벚나무 179
24 가장 아름다운 반계리 은행나무 185
25 화촉을 밝히는 자작나무 191
26 살아 돌아온 화석, 메타세쿼이아 197
27 팽나무들의 친목회, 도초도 팽나무길 203
28 봉황대 느티나무 207
29 화염수, 아프리칸 튤립나무 211
30 야사리 운동장 느티나무 215
31 지심도 팔색조와 동백나무 219
32 나무도 아닌 것이 풀도 아닌 것이 227
33 충효동 왕버들 군 233
34 선암사 탑비전 참나무 239
35 백련사 배롱나무 245
36 용문사 은행나무 251
37 두물머리 느티나무 257
38 아까시는 언제나 향기와 함께 263
39 공세리 성당 팽나무 269
40 파주 아버지 느티나무 273
41 법성포 숲쟁이와 요술상자 279

에필로그 285

참고문헌 287

서문

　수안보에 살던 초등학교 저학년 시절, 1시간 이상 걸어야 하는 등굣길 중간에 마치 터널처럼 고목이 우거진 곳에 서낭당이 있었고, 그 서낭당 누각에는 할머니 모습의 초상화가 걸려 있었다. 그리고 그 앞 제단에는 아주 가끔 떡과 음식이 그리고 약간의 동전이 놓여 있기도 했다.

　아직 따스한 떡을 먹고 동전을 가져다 과자를 사 먹은 어느 날 하굣길에 천둥 번개와 함께 억수로 비가 쏟아지던 순간을 아직도 생생히 기억한다. 집에 가기 위해 서낭당을 지나야 하는데 갑자기 무서운 생각이 들었다. 잘못을 했으니 당연한 일이었겠지만, 차마 그곳을 지나지 못하고 몇 시간 동안 비를 맞았다. 그 후로 커다란 고목을 보면 나뭇가지를 배경으로 서낭당에 걸려 있던 할머니의 '그로테스크'한 모습이 연상되었다.

　그렇다고 나무가 내게 무서운 존재는 아니었다.

　인적 드문 시골의 아이에게 마을의 나무는 언제나 친구였고, 놀이터였다. 친구들과 나무 주위에서 모여 놀다가 밥 먹으라는 소리에 친구들이 하나둘 사라지고, 결국에 혼자 남아 할머니가 어서 불러주길 기다리는 그 순간에도 나무는 언제나 내게 든든한 존재가 되어주었다.

　커서도 오래되고 멋진 나무를 보면 주위를 서성거리며 쉬이 떠나지 못하는 때가 많았다. 광고 사진가로 사회에 첫발을 내디뎠으나 오랜 꿈이던 작가가 되고자 결심했을 때, 내 사진 인생의 주제가 무엇이어야 할까 고민이 많았다. 이미 촬영한 밀착 인화된 사진들을 뒤적이던 어느 날, 내가 그동안 촬영해온 사진 중 나무 사진이 가장 많았으며, 나무를 내 평생의 주제로 정한다면 마지막까지 흔들리지 않고 나의 작업을 해나갈 수 있겠다고 생각했다.

　나무 사진가로 살아가기로 결심했으나, 첫 나무 사진 전시인 '푸른 나무' 전시의 계기는 2012년 우연히 주어졌다. 나무가 많고 개천이 흐르는 아름다운 양재천 둑방길 옆에 원하던 작업실을 구하고 몇 년이 지난 어느 날, 양재천 둑방길의 나무마다 번호가 적힌 붉은 노끈이 매어 있는 것을 보았다. 주변 카페에 물었으나 아무도 그 이유를 몰랐고, 심지어 많은 사람이 나무에 갑자기 번호표가 생겼다는 사실조차 모르고 있었다. 마침내 한 카페 주인으로부터 이 나무들이 새로 지어지는 근처 보금자리 아파트 이면도로 확장을 위해 모두 베어진다는 사실을 들었을 때 그 참담함은 이루 말할 수 없었다.

　하지만 궁금했다.

　출퇴근 시간 강남대로의 체증이 저리 극심한데 여기에 이어지는 도로 하나 넓힌다고 차량 흐름이 빨라질까? 한 서초구 의원을 통해 시뮬레이션을 한 결과를 들었다. 전혀 빨라지지 않는다는 사실을 확인했고, 그날부터 나는 양재동 일부 시민과 함께 서명운동을 시작했다. 석 달 동안 약 3000명의 서명을 받아 서울시와 SH공사, 서초구에 진정서를 제출했다. 동시에 그동안 촬영해온 나무 사진과 양재천의 나무 사진들을 더하여 전시회를 추진했다. 시민들에게 나무의 아름다움과 소중함을 알리기 위한 목적이었다.

　결국 일이 커지자 서초구는 이미 끝난 시민 공청회를 다시 개최했고, 참석한 시민 만장일치로 기존 도로 확장안이 아닌, 건너편 시민의숲 둑방길 지하로 터널을 뚫는 새로운 안이 채택되었다. 결국 나무를 지킬 수 있게 된 것이다. 비록 전시는 뒷북이 되었으나 양재천의 나무들이 아니었다면 '푸른 나무' 전시는 더 미루어졌을 것이 확실하다. 나무를 살리기 위한 전시가 결국 나무 사진 전시를 시작하게 된 계기가 되었고, 나무가 나무 사진가를 만들었다.

　이후로 '숲' '꿈꾸는 나무' '히말라야' '올리브나무' '바오밥' '신목 시리즈' 등 많은 나무 사진을 시리즈로 발표했다. 그 시리즈들을 통해, 밤에 조명을 받아 인간과 같이 지구의 주인공이 된 아름다운 나무들, 최종 작품으로 완성된 경이로운 나무 사진들을 전시장에서 선보였으나 시각예술인 사진의 특성으로 인해 그 과정에서 '보여줄 수 없는 것'들, 하지만 아름다운 것들은 사진에 담기지 못했고 기록으로도 남지 않았다.

　신안의 작은 섬에서 팽나무를 촬영할 때 밭에서 일하던 노부부가 내게 들려준 작지만 따스한 삶의 이야기들, 바닷가 마을에서 죽음이 멀지 않은 노인이 들려준, 나무와 함께 한 청춘의 찬란한 기억들이 전시장에는 담기지 않았다.

　유한한 삶을 살아가는 인간에게 가장 중요한 것은 무엇일까.

　무엇이 우리에게 살아갈 힘과 용기를 줄까 생각해본다. 어쩌면 소소하지만 따스한 기억들, 누군가와 함께한 뜨거웠던 순간들, 그 모든 것을 겪고 마침내 남겨진 결정체와 같은 빛나는 기억들이 아닐까.

　2022년 가을, 남해에서 '남해신목' 시리즈를 촬영하며 나는 나무를 '시간의 기억' '인간의 염원을 기록한 기억의 도서관'이란 내용의 작가 노트를 썼다. 오랜 시간 인간과 함께 살아온 나무가 인간에게 그리했듯이, 나무를 촬영하며 알고 듣게 된, 작지만 소중한 이야기들이 어쩌면 우리가 살면서 필요로 하는 영양분이 될 수 있지 않을까. 그런 소망으로 이 기록을 시작한다.

　더불어 이 지구의 주인공은 인간만이 아님을, 나무도 이 지구의 주인공임을 이 책을 접하는 독자들께서 기억해주시기를 진심으로 바란다. 나무 없이 한순간도 살아갈 수 없는 인간이 당연히 가져야 할 소중한 마음이라고 생각한다.

지금도 국내와 세계 곳곳의 경이로운 나무들 소식을 접하면 가슴이 요동친다. 어쩌면 당연한 일인지도 모르겠다.

나에게 나무는 느린 인간이고, 인간인 나는 빠른 나무니까.

끝으로, 소소한 이 기록을 시작할 수 있게 부추기고 도와준 정연혜 기획자, 나무에 대한 사랑만을 보고 선뜻 출판을 허락해주신 글항아리 강성민 대표님, 그리고 나에게 많은 영감을 주고 모델이 되어주고 살아갈 힘을 준 나의 나무들에게 무한한 고마움을 전한다.

2025년 6월
이열

제주선목_애월읍 봉성리 제리왓_폭낭 2021 (1. 제주의 상징, 폭낭, 33쪽)

천 년의 올리브나무_가슴 뚫린 올리브나무 2018 (2. 천 년의 올리브나무, 41쪽)

신들이 사랑한 나무, 바오밥_별들의 바오밥 2020 (3. 신들이 사랑한 나무, 바오밥, 49쪽)

Art tree_볼음도 2019 (4. 800년의 기다림, 볼음도 은행나무, 57쪽)

히말라야_랄리구라스 2017 (6. 지구의 지붕, 그 아래 랄리구라스, 71쪽)

녹색낙원, 피지_Tokuo_Moon and Mangrove 2023 (7. 수많은 생명의 안식처, 맹그로브, 79쪽)

남해신목_대벽리 왕후박나무 2024 (8. 이순신 장군도 쉬어간 대벽리 왕후박나무, 87쪽)

푸른나무_양재천1 2013 (13. 원시의 꽃, 목련, 117쪽)

숲_서어나무_남원
2016 (14. 숲의 지배자
서어나무, 123쪽)

녹색낙원, 피지_Mango tree_Sawani 2023 (15. 맛있는, 그러나 매서운 망고나무, 129쪽)

꿈꾸는 나무_소사나무가 있는 참성단에 이는 바람 2017 (16. 참성단 소사나무, 135쪽)

제주신목_체오름 후박나무 2021 (18. 후박엿 후박나무, 147쪽)

푸른나무_준경묘 소나무 2021 (20. 결혼에 성공한 준경묘 미인송, 159쪽)

숲_플라타너스_양재 2016 (21. 시민의숲 플라타너스, 165쪽)

푸른나무_문막 2014 (24. 가장 아름다운 반계리 은행나무, 185쪽)

숲_원대리 자작나무 2017 (25. 화촉을 밝히는 자작나무, 191쪽)

신안시목, 도초도 이곡리 팽나무 2022 (27. 팽나무들의 친목회_도초도 팽나무길, 203쪽)

녹색낙원 피지_Verate_African Tulips 2023 (29. 화염수 아프리칸 튤립, 211쪽)

Art tree_대청1 2019 (34. 선암사 탑비전 참나무, 239쪽)

푸른나무_양재천2 2013 (38. 아까시는 언제나 향기와 함께, 263쪽)

이 야 기

제주의 상징, 폭낭

애월읍 자리왓 폭낭

"이곳은 4·3의 와중에 마을이 전소되어 잃어버린 북제주군 애월읍 어도 2구 자리왓 마을 터다.

250여 년 전에 남평 문씨 일가가 집성촌을 이루어 살기 시작한 이래 30여 가호에 150여 주민들이 밭농사를 지으며 살던 전형적인 중산간 마을이었다. 마을 가운데 신명서당이 있어 글 읽는 소리가 끊이지 않았고 뛰어난 인재가 많이 배출되었다.

주위에 작은 규모의 자연 마을인 지름기, 열류왓, 상수모를, 말밭, 고도리왓 등의 촌장들이 자리왓 팽나무 아래 모여 대소사를 의논하며 정겹게 살던 마을이었다.

그러나 4·3의 광풍은 이 마을들을 여지없이 세차게 뒤흔들어 놓았으니 1948년 11월 중순 소개령이 내려지고 주민들이 아랫마을로 이주한 후 마을은 전소되어 잿더미가 되었고 이 와중에 5명이 희생되었다. 주민들은 봉성리 입구 신명동에 터를 잡아 살기 시작한 이후 자리왓 등으로는 전혀 돌아오지 않았으니 이곳을 지나는 길손들이여 눈을 들어 주위를 돌아보라. 저 바람에 스석대는 대숲이 있던 집터와 밭담 사이로 자그맣게 남아 있는 올래, 그리고 마을의 역사와 더불어 살아온 저 팽나무를. 서러운 이야기가 들리지 않는가.

다시는 이 땅에 4·3과 같은 서러운 역사가 재발되지 않길 간절히 기원하며 이 표석을 세운다."

위는 제주도 애월 '자리왓' 마을터 폭낭 아래 세워진 표석의 글이다.

팽나무를 제주에서는 '폭낭'이라고 부른다. 팽나무의 열매를 '폭'이라 하는데 폭낭은 '폭이 열리는 나무'라는 뜻이다. 그 외에 남부 지방에선 배가 들락거리는 포구에 살고 있어 '포구나무'라고도 불린다.

1985년 여름, 친구와 자전거 전국 일주를 하다가 배를 타고 제주도에 들어갔다. 거기서 폭낭을 처음 봤을 때 '어찌 저리 휘어진 나무가 있을까' 신기했다. 자전거로 제주를 돌다 서귀포 어느 마을 집 앞 공터에 텐트를 쳤다. 갑자기 집에서 나온 아저씨 한 분이 텐트를 걷으라 했다. 마을 인심 참 고약하다 생각하며 그 집에서 멀리 떨어진 곳에 텐트를 치고 라면을 끓이는데 좀 전의 그 아저씨가 김치와 막걸리를 들고 찾아오셨다.

자리왓 폭낭

"학생들은 4·3사건을 아느냐. 제주도 사람들은 그 사건으로 육지 사람들에 대한 미움이 남아 있다. 어린 학생들에게 그리 모질게 대해서 미안했다."

그리고 그분이 가져온 김치를 안주로 막걸리를 말없이 나누어 마셨다.
태어나 처음 들었던, 제주 아니, 우리의 슬픈 이야기였다.
나무 사진가가 되기로 결심하고 나무를 찾아 전국을 헤매던 2013년 다시 제주를 찾았다. 자리왓, 동복리, 북촌의 폭낭들, 4·3사건을 지켜본 그 폭낭은 내게 더 이상 단순한 한 그루의 나무가 아니었다. 그 후 10년이 넘게 제주의 폭낭을 촬영했다. 폭낭을 촬영하며, 전국에서 팽나무가 가장 많은 곳이 제주이니 폭낭이 팽나무 대신 표준어가 되어도 좋겠다고 생각했다. 최소한 제주에서는 팽나무를 '폭낭'이라고 불러야 그 의미가 살아나니까.

폭낭의 매력, 특히 제주 폭낭의 매력은 그 가지의 휘어짐과 얽히고설킴에 있다. 팽나무는 신안이나 남해, 통영 등 따스한 남쪽 지역에 두루 분포하지만, 바람이 많은 제주의 폭낭은 그 휘어짐이 크다. 그중에 특히 바람이 강한 동복리의 폭낭은 대부분 '편향수(바람이 강해 가지가 한 방향으로 자라는 나무)'로 그 자태가 경이롭기까지 하다. 제주 폭낭은 대부분 키가 작다. 거센 바람에 적응해야 했기 때문이다. 고난을 딛고 일어선 오래 산 나무의 연륜은 옹이진 마디와 굴곡진 가지, 넓고 큰 몸통에 고스란히 새겨져 있었다.

마치 고난을 딛고 일어선 제주도가 이제는 누구나 살고 싶어 하는 한국의 낙원이 된 것처럼, 제주의 매서운 바람을 견디며 울퉁불퉁 구부러진 편향수 폭낭의 강인한 모습은 제주도를 너무나 닮았고 또 숱한 세월을 참고 견뎌온 제주인들을 닮았다.

마을의 정자목으로, 신목으로 존재하는 제주의 폭낭은 다른 지역의 나무들이 그러하듯 마을 공동체의 상징이다. 마을의 어르신들이 모여 담소하고 소통하며 크고 작은 일들을 결정하던 곳, 마치 서양의 광장과 같은 곳이 정자목의 역할이다.

자리왓의 폭낭 역시 마찬가지였다.

하지만 이념의 갈등으로 인해 빚어진 4·3사건으로 마을은 불탔고 나무는 남았다. 벌판에 홀로 남은 자리왓의 폭낭을 보며 생각했다. 슬픈 나무를 만드는 것, 행복한 나무를 만드는 것, 아픈 나무를 만드는 것 모두 인간이었구나. 이렇듯 나무는 오직 하나인데 인간에 의해 채색되고 의미가 덧씌워졌다. 비록 인간에 의해 추앙받고, 인간에 의해 버려졌으나 나무는 그 자체로 이미 완벽했다. 나무를 버림으로써 버려진 것은 결국 인간이었을지도 모른다.

    2021년 1월, 10여 년간의 폭낭 촬영을 마무리하기 위해 한 달간 제주에 머무는 동안 나는 수시로 자리왓의 폭낭을 찾았다. 한 번은 눈이 왔고, 한 번은 부슬부슬 안개비가 내렸으며, 가끔은 맑았다. 마치 높은 단처럼 만든 데크에 올라 나무에 기대어 나무가 바라보았을, 이제는 사라진 과거의 풍경을 내려다보았다. 가장 슬픈 순간이 왔을 때 조명을 하고 셔터를 눌렀다. 그때 했던 하얀 조명은 폭낭에 대한 찬사였기를, 오랜 시간 혼자였을 폭낭에 대한 작은 온기였기를 바랐다.

    이제는 아무도 찾지 않는 자리왓의 폭낭을 보며, 남은 내 삶이 저 나무처럼 의연하길, 저 나무처럼 무심하길 꿈꾼다.

    자리왓의 폭낭을 처음 본 날은 안개 자욱한 겨울이었고 부슬비가 내렸다.

동복리 편향수 폭낭

자리왓 폭낭 위치에서 바라본 중산간. 폭낭의 그림자가 메밀밭에 드리웠다.

2

천 년의 올리브나무

2016년 가을, 페이스북 메신저로 연락이 왔다.

"이탈리아 바리의 수천 년 된 올리브나무를 촬영해 전시하면 좋겠다."

내가 나무 사진가임을 알고 있던 이탈리아 국제문화교류협회인 '트라치아란드 이탈리아Tracialand Italia'의 대표 모니카Monica Irimia에게서 온 메시지였다. 그로부터 정확히 2년 후인 2018년 가을, 난 이탈리아 풀리아Pugia주의 주도인 바리Bari에 갔다.

마침내 꿈꾸던 올리브나무 촬영이 이루어진 것이다.

서양에서 올리브나무는 매우 중요하다. 올리브유를 얻어서만이 아니다. 서양 문화에 지대한 영향을 미친 기독교의 성경에도 올리브나무는 자주 등장한다. 예를 들면, 노아의 방주가 있었을 때 홍수가 끝났음을 알려준 비둘기가 그 증표로 입에 물고 온 것이 올리브나무 이파리였다. 유엔 깃발에 그려진 나뭇가지도 올리브나무다.

전 세계 올리브유 주요 생산국은 스페인과 이탈리아인데, 그중에 풀리아는 이탈리아 올리브유 생산량의 약 80퍼센트를 차지하는 매우 중요한 지역이다. 내가 바리에 간 당시에 풀리아주는 올리브나무를 죽이는 박테리아와 사활을 건 전투 중이었다. 코스타리카에서 수입된 작물에서 시작된 이 박테리아는 이미 브라질의 시트러스 재배지와 미국 캘리포니아의 포도밭에 엄청난 피해를 입혔고 풀리아주의 살렌토 지역에서도 이미 수백만 그루 이상의 올리브나무를 감염시켜 고사시킨 후였다. 감염을 막는 유일한 방법은 감

이탈리아 풀리아의 오래된 올리브나무

염지 주변의 나무를 잘라내 격리하는 것이다. 마치 솔잎혹파리 전염을 막는 것과 흡사하다.

바리에 도착한 후, 모니카의 안내를 받아 둘러본 풀리아주의 올리브나무 재배지는 그 넓이가 어마어마하게 넓었다. 모노폴리에서 아름다운 소도시 알베로벨로로 가는 길 중간에 있는 '예수 전망대 Belvedere del Cristo della panoramica' 언덕에 올라 내려다본 지평선 모든 곳이 올리브나무였다!

그 올리브나무 중 가장 나이 많은 나무는 수령이 무려 3500년이라고 한다. 예수가 태어나기 훨씬 전의 나무라니 상상하기도 어렵다. 내가 선별하여 촬영한 올리브나무들 상당수도 1000년은 족히 넘은 것들이었다. 그 오래된 모든 올리브나무 기둥에는 숫자로 된 관리 번호가 하나씩 붙어 있었다. 놀랍게도 백만 단위였다.

오래된 올리브나무를 만져보았을 때 느낀 감동을 아직 잊지 못한다. 나무껍질이 아니라 돌을 만지는 듯했다. 그 오래된, 돌 같은 딱딱한 나무에서 그렇게 향기로운 올리브유를 만들어낸다는 것이 너무나 생경했다. 어느 초월적인 힘이 있어 돌을 짜내어 기름을 만드는 것과 같은 묵직함과 신성함이었다. 올리브나무를 촬영하다 떨어진 올리브 한 알을 주워 씹어보았다. 너무 써서 바로 뱉어야 했다. 올리브는 소금에 절이거나 기름으로 짜 먹는 것이지 그냥 먹는 것이 아니었다.

촬영을 진행하는 동안 많은 밤을 올리브나무 아래에서 보냈다. 전시를 앞둔 막바지 촬영이 한창이던 11월 어느 따스한 가을날 친구와 밤이 오길 기다리며 올리브나무 아래에서 끼안띠 와인에 빠니니(바게트에 각종 햄과 채소, 치즈를 넣은 이탈리아 샌드위치)를 먹는데 친구가 말했다. '저거 루콜라 아니냐?' 틀림없는 루콜라였다. 야생 루콜라를 뜯어 생수에 씻어 빠니니에 넣

'예수 전망대'에서 본 파노라마. 지평선이 모두 올리브나무다.

어 먹었다. 시장에서 사 먹던 루콜라보다 수십 배는 강렬한 향과 맛! 곁들여 마신 와인 탓도 있었으리라. 나른함에 올려다본 노을 진 하늘엔 올리브나무 이파리가 바람에 하늘거렸다. 봄바람에 흩날리는 버드나무 같았다.

두 달의 체류기간 중반 즈음, 바리 전시가 시작되기 전에 한 방과 후 학교로부터 제안을 받았다. 학생들과 함께 사진 작업을 공동으로 하면 어떻겠냐는 제안이었다. 흔쾌히 그러자고 한 며칠 후, 나는 카메라와 조명 장비를 들고 학교를 방문했다. 그곳에는 20여 명의 아이들이 기대에 찬 눈빛으로 나를 기다리고 있었고, 언제나 그렇듯이 낯선 동양인의 모습에 신기해했다.

"애들아, 저 앞에 커다란 나무가 있다고 상상해보자. 너희가 찾고 있는 아름다운 나무가 있는데, 너희는 이 조명을 가지고 그 나무를 찾아가는 거야."

순수한 아이들은 금세 그 상황극 같은 연출에 빠져들었고, 나는 그 장면을 카메라에 담았다. 반나절 촬영 후에 무려 3일간 이미지 합성 작업을 해야 했다.

마침내 전시가 시작되었고, 전시 개막식에 그 학교 아이들이 자신들이 나온 사진을 보러 왔다. 전시가 끝나고 사진은 학교에 기증했다. 사진이 남을 테니 오래도록 기억하리라. 어릴 때 함께 작업한 이 사진을 보며 커서도 나무를 아끼고 사랑하게 되었으면 좋겠다. 그리고 이 사진의 주제처럼 아이들 모두 각자의 꿈을 찾아가길 바란다.

그 길이 비록 처음 가는 길, 두렵고 어두운 미지의 길이라 해도 마침내 도달하길.

바리의 오래된 유적지인 '일 포르티노 디 산타안토니오Il Fortino di Sant'Antonio'에서 전시가 끝나고 귀국하기 전, 친구가 된 도미니크가 알베로벨로에서 운영하는 아트 BNB '조이풀 피플Joyful People'을 방문했다. 도미니크는 올라브나무 촬영 기간에 나에게 이 숙소를 협찬하기도 했다. 모니카의 제안과 주인인 도미니크의 흔쾌한 승낙으로 아트 BNB 정원에 있는 한 올리브나무에 명명식을 했다. 그 올리브나무의 이름은 이탈리아 올리브나무 전시 제목인 'Trees Generations'. 나무 밑에는 전시에 함께 참여한 이탈리아의 조각가 마리아Maria와 이 전시를 기획한 루마니아 태생의 모니카 그리고 한국인인 내 이름을 새긴 동판이 설치되었다.

고향이 하나 더 생긴 것 같았다.

언젠가 이 올리브나무를 보러 다시 풀리아에 가리라 다짐한다.

지구 어딘가에 내가 이름 붙인 나무가 있다는 것은 언젠가 돌아갈 집이 있다는 것과 같은 것이다.

방과 후 학교 아이들과의 협업

명명식을 한 조이풀 피플의 올리브나무

신들이 사랑한 나무, 바오밥

바오밥 숲에 빛나는 별빛

어릴 때 읽은 『어린 왕자』의 바오밥나무는 내게 공포였다.

나무가 자라서 별을 집어삼킬 수 있다니! 하지만 나이가 들면서 그 공포는 점차 경이가 되었다. 그 바오밥이 실제로 존재한다는 걸 알게 되었을 때, 마침내 바오밥은 내게 동경이 되었다. 언젠가 꼭 가서 보고 사진으로 남기고 말리라 결심했다.

바오밥은 세계에 모두 아홉 종류가 있다고 한다. 그중 여섯 종류가 마다가스카르에 있다. 사실 마다가스카르는 바오밥뿐만 아니라, 고립된 섬이라

안타나나리보에서 모론다바로 가는 길

는 지역적 특성으로 인해 다른 곳에는 없는 독특한 동·식물이 존재하는데 그중 하나가 바오밥이다.

하지만 아프리카 동쪽 섬나라 마다가스카르 어딘가에 있다는 바오밥은 그 물리적 거리만큼이나 내게 너무나 먼 곳처럼 느껴졌다. 가끔 신문에서, 방송 다큐멘터리에서 바오밥 소식을 접할 때마다 조바심이 났다. 언제 사진에 담을 수 있을까? 머릿속은 온통 그 생각으로 가득했다.

그 생각으로 미치기 직전에, 촬영을 위해 자료를 조사하고, 한 여행사 대표를 만나 현지 사정을 듣고, 현지 가이드를 찾고, 경비 마련을 위한 펀딩을 시작했다. 아직 마다가스카르의 우기가 시작되기 직전인 11월 초, 모든 준비를 마치고 1박 2일을 날아 에티오피아 아디스아바바를 거쳐 마다가스카르 수도인 안타나나리보에 도착했다. 하지만 그게 전부가 아니었다. 렌트한 낡은 사륜구동차를 타고 다시 1박 2일 동안 강을 건너고 비포장 길을 달려

마다가스카르 서쪽 해안 도시 모론다바 Morondava 가까이 가서야 바오밥은 그 모습을 제대로 드러내기 시작했다. 마침내 바오밥을 보았을 때, 그동안의 모든 걱정과 불안이 한순간에 사라졌다. 바로 내가 사랑한 나무였고 나의 나무였다.

눈앞에 펼쳐진 바오밥나무는 어쩌면 신들의 사랑을 받기 위해 존재하는 나무 같았다. 주변의 다른 나무와 경쟁하지 않았고 훨씬 더 높이, 저 홀로 하늘 높이 솟아 있었다. 옆의 나무는 안중에도 없다는 듯이 아주 높이.

마다가스카르에 머물며 낮엔 촬영할 바오밥을 찾아다녔고, 밤엔 낮에 정한 바오밥을 촬영했다. 가이드의 요청으로, 밤에는 안전을 위해 인근 군부대에 돈을 주고 군인을 사서 한 명씩 데리고 다녔다. 군인이 들고온 카빈으로 보이는 소총은 녹슬었고, 발엔 샌들을 걸치기도 했다. 총알이 있는지는

원주민 마을의 바오밥

차마 물어보지 못했다.

　한번은 군부대에 갔는데 부대장이 근무시간에 부대를 이탈해 그를 수소문하며 찾아다닌 적이 있다. 알고 보니 자신의 집에 가서 담장 수리를 하고 있었다. 겨우 찾아 데리고 다시 부대에 갔더니 이번에는 무기고 열쇠를 가진 병사가 없어 그를 찾느라 또 몇 시간을 보냈다. 답답한 마음에 가이드에게 물었다.

　"적이 쳐들어오면 어떻게 하냐?"
　"우리는 쳐들어올 적이 없어."

　타고 다니던 차가 진흙탕에 빠지기도 했고, 정글도를 어깨에 걸친 채 멀쩡한 도로를 막고 통행료를 요구했던 마을도 지났다. 다리도 없는 얕은 강을 건널 땐 물이 차 안으로 들어와 카메라 가방을 가슴 위로 들어올리기도 하며 가이드와 기사로 이루어진 우리 팀은 바오밥 서식지를 자유로이 돌아다녔다.

　다행히 바오밥을 촬영하는 내내 하늘엔 별들이 가득했고 그 아름다움에 달도 숨어버린 듯했다. 내 앞에는 오직 바오밥과 그 위를 비추는 별빛만 가득했다. 달이 없고, 도시의 불빛 하나 없는 초원에 있으니 눈앞에 있는 내 손도 보이지 않을 '절대 어둠'이 항상 함께했다. 해가 지면 모기떼가 습격했고, 망고 과즙에 접촉하여 생긴 알러지 반응으로 온몸에 물집이 생겨 가려움에 잠들지 못할 때가 많았지만, 바오밥을 마주하고 촬영하는 그 순간만큼은 이 모든 것을 잊을 수 있었다. 가끔 스치는 시원한 바람도 바오밥에 집중한 나를 흔들지는 못했다.

　다만, 나무 기둥에 맞닿은 손바닥에 느껴질 것만 같던, 까마득히 높은 나무 꼭대기까지 오르고 있을 생명의 수액, 눈에 보이지도 않는 그 힘찬 흐름

[신들이 사랑한 나무, 바오밥]

바오밥은 30미터까지 자란다

만이 현실 같았다. 마다가스카르에는 전 세계 바오밥 아홉 종 중 여섯 종이 나 서식한다. 물론 같은 종이라 해도 엽도, 강우량 등 서식하는 환경에 따라 그 모습이 판이하다. 한 부모에게서 태어났지만 제각기 다른 인간 형제와 같다고 생각을 했다.

그렇게 천상의 시간을 보내고 서울로 돌아오는 길에 눈물이 났다.
'이건 꿈이었어. 네가 찍은 사진만이 현실이었음을 증명할 수 있는 그런 꿈.' 내가 찍은 것은 결국 바오밥 사진이 아니라 나의 꿈을 기록한 자화상이었다. 찰나를 사는 인간이 장구한 세월을 사는 나무 앞에서 찍은 사진, 어쩌면 마지막이 될 이 순간을 기록한 나의 영정 사진.

인간에게서 상처를 받았지만 바오밥나무에게서 위안을 받았다. 그러다 외로움이 도지면 다시 인간 세계에 파묻힐 것이다. 반복되는 과정 속에 간극은 더 커질지도 모르겠다. 아주 긴 시간이 지나면 그 중간이란 것이 어딘가 있을지도 모른다고 생각했다.

바오밥나무 주변에는 가난한 마다가스카르 아이들이 있었다. 하지만 그 아이들만 모르고 있는, 바오밥으로 인해 부유한 아이들이 언제나 거기 있었다.

그리고 그 아이들보다 더 가난한 사람 하나 잠시 같이 있었다.

노을을 기다리는 중에 나타난 마다가스카르 아이들

800년의 기다림, 볼음도 은행나무

볼음도 은행나무의 우람한 가지들

"거 심심하면 새우 잡으러 갑시다!"

그렇게 볼음도 민박 주인이 빌려준 옷을 입고, 경운기를 타고 갯벌로 갔다. 2018년 늦여름이었다.

볼음도는 강화도에서 배를 타고 1시간 정도 가면 도착하는, 북방한계선 NLL에 접한 강화군 서도면에 속해 있는 작은 섬이다. 조선시대 임경업 장군이 명나라로 가던 중에 풍랑을 만나 보름 동안 체류하다 보름달을 보았다하여 볼음도라 불렸다고 전한다.

볼음도에는 오래된 아주 멋진 은행나무가 있다.
은행나무는 분류상 1문, 1강, 1목, 1과, 1속, 1종만이 현존하며 침엽수도 활엽수도 아닌 독자적인 은행나무문으로 분류한다. 동식물의 대부분이 멸종한 고생대 페름기에서도 살아남아 '살아 있는 화석'이라고 불린다. 은행나무도 원래는 많은 종류가 있었으나 현재는 딱 한 종류만 남아 있고, 그나마 동아시아에만 유일하게 존재하여 멸종위기 종으로 분류되어 있다. 우리나라에서는 가로수 등에서 흔히 볼 수 있지만, 사람이 심지 않은 곳, 즉 자생지가 없는 것을 봐도 자연 상태로는 생존이 힘들다는 것을 알 수 있다. 이유는 여러 가지로 추정하는데, 그중의 하나가 은행의 종자를 퍼트리기 위한 매개동물이 없다는 것이다. 인간만이 은행 씨앗을 퍼트리는 유일한 매개동

볼음도 은행나무의 전체 외형

물이다.

볼음도 서북쪽 해안에 있는 천연기념물 304호(1982년 지정)인 이 볼음도 은행나무는 원래 고려시대에 북녘 땅에 살았다. 지금의 황해남도 연안군 호남리 호남중학교 운동장에 암수 두 그루의 은행나무가 같이 살았는데, 어느 여름 홍수에 수나무가 뿌리째 뽑혀 볼음도 앞바다로 떠내려온 것을 본 섬 주민들이 건져내 다시 심었다고 전해진다. 당시 볼음도 주민들은 수소문 끝에 그 나무가 호남리에서 떠내려온 수나무인 것을 확인했다고 한다.

그 이후로 매년 정월 초 풍어제를 지낼 때 볼음도와 호남리 어부들은 날짜를 맞추어 생일상을 차려주었다. 헤어진 두 은행나무 부부의 슬픔을 달래주는 의미도 컸을 것이다. 하지만 수백 년을 넘게 이어오던 이 행사는 1950년 한국전쟁 이후 두 지역이 남과 북으로 완전히 갈리면서 중단됐다. 이념이 인간만이 아니라 자연까지 분단시킨 것이다. 현재 아내 나무인 북녘의 호남리 은행나무도 북한의 천연기념물 165호로 지정된 것이 확인됐다.

나는 문화재청과 섬연구소가 주최한 '800년 동안 남북으로 갈라져 사는 부부 은행나무의 생일상을 다시 차려주는 행사'에 참석한 후, 은행나무를 사진으로 기록하기 위해 볼음도에 온 것이다. 강화도에서 배를 타고 와 마침내 마주 선 은행나무, 2019년 태풍 링링으로 큰 가지가 부러졌음에도 그 위세는 크고 당당했다. 낮에 그 나무 앞에 수십 명이 모여 음악과 춤, 낭송과 라이브 페인팅 등 성대한 생일잔치를 했다.

우람한 은행나무 넓은 그늘 아래에 모여 생일상을 차리는 울긋불긋 한복 입은 사람들이 색동옷을 입은 환갑잔치의 손주들 같았고, 라이브 페인팅으로 은행나무의 초상화를 그린 동양화가 신은미 작가의 움직임은 승

은행나무 생일 상차림 행사

무 같았다.

　은행나무 뒤로 연꽃이 가득한 연못이, 저 멀리 북녘 땅이 아스라이 보였다.

　행사가 끝나고 민박집 주인아저씨의 권유로, 동네 주민 두 분과 경운기를 타고 군인들이 지키는 초소가 멀리 보이는 갯벌로 갔다. 도착하니 세 사람이 주섬주섬 비료포대 몇 개와 그물을 꺼냈다. 새우를 잡는 방법은 간단했다. 2인 1조로 나눠 두 사람이 그물 끝 막대를 하나씩 잡고 사이좋게 나란히 바다로 걸어 들어간다. 한 20~30미터 정도 가면 바닷물이 가슴까지 차오르는데, 이때 말린 그물을 펼치며 서로의 간격을 벌린다. 그물의 길이는 약 20미터, 그물이 모두 펼쳐지면 바닥에 대고 훑으며 갯벌 쪽으로 전진한다.

　바닷물 아래 바닥도 갯벌이라 발이 푹푹 빠지고, 가끔은 미끄러져 바닷물을 들이마시기도 했다. 낮에 숙소를 찾을 때, 민박집 주인이 나를 보자마자 왜 그리 반겼는지 짐작이 가는 순간이었다. 비료포대 4개가 꽉 찼을 때야 새우잡이는 끝났다. 근래에 볼음도 은행나무가 잎이 떨어지며 말라 죽어간 적이 있다고 한다. 그러던 것이, 나무 옆으로 바다를 막아 만든 '볼음저수지'가 생기며 나무가 다시 살아났다. 어릴 때 은행나무를 놀이터 삼아 놀았던 민박집 주인이 새우를 잡으며 해준 이야기다. 새우도 갈 수 있는 저 북녘 땅, 우리만 못 가는구나 싶었다.

피곤함에 더해 생새우 안주로 먹은 술기운이 올라 정신없이 자다 눈을 뜨니 밤 11시였다. 긴장감에 겨우 한 시간을 잔 것이다. 벌떡 일어나 촬영 장비를 챙겨 그 은행나무로 갔다. 밤이 되니 은행나무는 낮과는 사뭇 다른 모습을 보였고, 다른 기운을 풍겼다. 사실 나무는 밤에 우리에게 더 많은 이야기를 해준다. 그렇게 나무와 대화하며 시작한 촬영은 새벽 동틀 무렵에야 끝났다. 아침에 뜨는 해를 보며 민박집 주인 부부가 챙겨준, 내가 잡은 새우 한 봉지를 선물로 들고 선착장으로 향했다. 가는 길에 다시 돌아본 은행나무는 멀리서 아침 햇살을 받아 아름답게 빛나고 있었다. 그 뒤로 멀리 북한 땅이 보인다. 언젠가 북녘의 아내 은행나무도 볼 수 있기를 바랐다.

그때가 오면 남편의 안부를 전해주리라.

새우 잡은 이야기도 함께.

볼음도 새우잡이

거대한 볼음도 은행나무

5

천 년을 산 제주 왕폭낭

애월읍 상가리 폭낭. 코끼리 같아 보인다(2021년 1월)

애월읍 상가리에 가면 내가 아는 가장 오래된 폭낭(팽나무)이 있다.

바라보는 앵글에 따라 코끼리처럼 보이기도 하고, 용처럼 보이기도 하는 이 상가리 폭낭은 제주도에서 가장 오래된 나무이기도 하다. 참고로 제주도 보호수 총 160여 그루 중 약 100여 그루가 폭낭이다.

폭낭은 한국, 중국 등 동아시아가 원산이다. 중국, 일본, 한국의 남부 온대지방에서 자라며, 해안선이나 산기슭, 골짜기에서도 자란다. 상가리 폭낭처럼 오래된 팽나무는 20미터 이상의 높이로 자라고, 둥치의 지름이 3미터가 넘기도 한다. 줄기가 사방으로 잘 뻗어나가며, 수관은 옆으로 퍼져나간다. 꽃은 양성화와 단성화가 한 그루에 열리는 잡성화로 4~5월에 꽃잎 없는 연노란색 꽃을 피운다. 수꽃은 새 가지의 겨드랑이 아래에서 취산꽃차례로 열리며 수술은 4개다. 암꽃은 새 가지 윗부분의 잎겨드랑이에 1~3개씩 달리며 암술은 하나이고 암술대는 둘로 갈라져 뒤로 젖혀진다.

상가리 폭낭을 처음 봤을 때가 저녁 무렵이었다. 어둠이 밀려오는 시간, 폭낭을 보았을 때 마치 한 마리 거대한 짐승이 웅크리고 있는 듯했다. 나무 밑동에는 여기저기 건너편을 볼 수 있는 구멍이 뚫려 있어 입체감이 더했고, 그 구멍으로 인해 더 그렇게 보였는지도 모르겠다. 보호수 표지판 왼쪽으로 돌아 경사진 땅을 내려가니 밭이 있었고, 마침 그 밭은 농작물 수확이 끝나 있었다. 밭으로 들어가 밑에서 올려다본 나무의 뿌리는 너무나 역동적이고 거대하여 위에서 보았을 때와 또 다른 모습이었다. 손으로 만져본 나무줄기는 돌처럼 단단했다.

이 팽나무는 수령이 1000년 이상이다. 200여 년 전부터 줄기 속이 썩기 시작했다. 1959년 제주도를 강타한 '사라' 태풍 때는 7미터 높이에서 가지가 부러지고 나머지는 기울어져 지금의 누운 모습으로 바뀌었다. 1988년에 부식방지를 위한 시술을 했다. 줄기는 크기에 비하여 위쪽이 작아서 마치 일부러 분재용으로 가꾼 것처럼 보인다.
(산림청, 『이야기가 있는 보호수』, 230쪽)

산림청에서 발간한 『이야기가 있는 보호수』의 기록에 따르면 태풍 '사라' 때 가지가 부러졌다. 부러진 것이 저 정도의 위엄이라니, 그전에는 어땠을지 짐작조차 안 된다. 촬영을 위하여 보호수를 찾아다니면서 죽거나 죽어

태풍으로 가지가 부러진 상가리 폭낭

가는 나무를 많이 보았다. 나무가 죽은 가장 많은 이유가 태풍과 같은 자연재해 그리고 인재다.

   이 폭낭이 보호수로 지정된 당시인 1982년에 나이가 1000년이었다. 이 마을이 들어선 것이 700년 전이라고 하니 고려시대 말이다. 마을이 들어설 당시 이미 300년 묵은 큰 폭낭이 있던 자리에 마을을 조성했을 터다. 어쩌면 사람들은 의지할 이 나무가 있어 여기에 마을을 만들었을지도 모른다. 주민들에게 전래하는 이야기에 따르면 조선시대에는 마을에 폭낭이 많아 아이들이 땅을 밟지 않고 나무에서 나무로 건너다녔다고 하니 무척 많은 폭낭이 모여 숲을 이루고 있었을 것이다. 실제로 1950년대까지 이 나무를 중심으로 일정한 간격을 두고 여섯 그루의 폭낭이 남아 있었다고 한다. 지금은 태풍으로 모두 쓰러져 아쉬움이 크다.
   무려 천 년이라는 시간 동안 수많은 동물의 안식처가 되었을 폭낭이다. 이는 동물뿐만 아니라 사람에게도 마찬가지였다. 실제 4·3사건 때 이 팽나무 밑동의 공동에 사람이 숨어 지냈다는 이야기도 전한다. 제주의 매운바람에 숨은 이는 춥고 두려웠을 테고, 그 두려움이 가시기도 전에 지쳐 폭낭 뿌리에 기대어 잠들었을 것이다.
   과거에 '폭낭 거리'라 불리던 상가리의 옛 이름은 이제 무색해졌지만, 아직 마지막 한 그루가 남아 그 역사를 온몸으로 증언하고 있다.

   나무를 떠나기 전, 나무를 어루만지며 폭낭이 지나왔을 천 년이라는 시간에 대하여 생각했다. 인간이 몸으로 체험할 수 없는 이 긴 시간을 산다는 것은 어떤 일일까. 죽을 때까지 결코 그 느낌을 알 수 없을 인간이 천 년을 사는 나무에 대해 마땅히 가져야 할 마음은 또 무엇일까.

[천 년을 산 제주 왕폭낭]

정자목 하나 없는 마을이 무척이나 초라해 보이는 것처럼, 의지할 나무와의 추억 하나 없는 사람은 내게 무척 가난해 보인다. 상가리 왕폭낭이 오랜 시간 상가리 주민들과 함께하길 기원한다.

밑동의 공동

6

지구의 지붕, 그 아래 랄리구라스

랄리구라스 숲에 내린 눈

"히말라야에 가지 않을래, 형?"

갑작스러운 결정이었다.

친한 동생인 밴드 드러머 송기정으로부터 전화가 왔다. '노래하는 산'이라 불리는 신현대 가수가 트래킹 팀을 꾸려 히말라야에 가는데 기록할 사진가가 필요하다며 같이 가자고 제안했다. 아름다운 설산과 네팔의 국화이기도 한 랄리구라스Laliguras라는 멋진 나무를 볼 수 있다는 생각에 한순간의 망설임도 없이 결정했다.

랄리구라스는 네팔의 국화이기도 하지만, 산지에 사는 네팔인들에게는 우리나라 시골의 진달래와 같은 의미의 꽃이다. 3월에서 4월 사이에 꽃이 피는데, 네팔인들은 이 꽃을 먹기도 하고 술을 담그기도 하며, 잘 말려 약재로도 쓴다. 네팔에만 무려 30여 종이 넘는 랄리구라스가 있다고 하니, 랄리구라스는 네팔의 상징이라고 할 수 있다.

가장 먼저 꽃이 피고, 꽃이 오래 가며, 떨어질 때는 동백처럼 꽃송이가 그대로 떨어져 바닥을 붉게 물들인다. 15미터가 넘는 나무가 높이 솟아 거대한 히말라야 흰 설산을 온통 붉게 물들이는 모습은 장엄하기까지 했다.

이 랄리구라스를 보기 위해 이틀 만에 향후 보름 동안의 모든 일정을 처리하고 공항으로 달려갔다. 네팔의 수도 카트만두에 도착해 하루를 묵고 추락률 1위라는 예티 항공의 작은 프로펠러 비행기로 갈아타고 트래킹이 시작되는 포카라로 출발했다. 프로펠러 옆 자리라 소음이 심했고 기류 변화로 비행은 불안했지만, 비행기에서 본 만년설에 덮인 히말라야 봉우리들은 모든 걱정을 잊을 만큼 장관이었다.

도착한 포카라는 아름다운 호수와 왕실 별장이 있는 휴양지였다. 베이스캠프인 포카라에서 출발해 위로 올라갈수록 다양한 계절이 공존했다. 고산 지역의 풍경이 마치 좀 가난한 버전의 돌로미티 Dolomitti 같았다. 짐꾼이 지게로 지고 올라와 좌판을 벌이고 파는 맥주는 고도가 높아질수록 가격이 치솟아 한 병에 1000원 하던 것이 5000원, 6000원까지 올랐다. 어차피 도수 높은 술을 좋아해 트래킹 초반부터 가성비 좋은 네팔의 럼주 '쿠쿠리'를 사 마시던 중이었다.

때마침 네팔의 증류식 소주 '럭시'가 집마다 있다는 사실을 알게 되어 팀의 힘센 후배들을 모아 '럭시 원정대'를 조직했다. 동료들을 꼬드겨 마을로 가서 집마다 다른 맛의 럭시를 시음하며 사 모으기 시작한 럭시, 무려 20리

맛있는 럭시를 만드는 네팔집 주인   네팔 가정집의 증류기

터를 산 적도 있었다. 그날은 파티였다.

  한번은 고산마을 한 젊은 여인에게서 도수가 높고 맛이 뛰어난 럭시를 산 적이 있다. 증류한 양이 얼마 안 되었기에 따로 물병에 담아 일행이 기다리고 있는 숙소로 돌아오는 길, 중간에 휴식을 취할 때 누군가가 제안했다.
  "이거 우리끼리 마시고 그 비밀은 무덤까지 가지고 갑시다."
  아무튼, 그 비밀은 단 한 시간도 지켜지지 않았다.
  양심에 찔리기도 했지만, 돌아오는 길 중간에 실제 '어떤' 무덤을 보았기 때문이다.
  다음날 하산할 때 그 여인의 집에 들러 약속한 대로 밤새워 증류한 럭시

럭시 원정대

를 잔뜩 샀음은 물론이다. 랄리구라스의 기억은 히말라야에서 마신 럭시의 향과 늘 함께 할 거라고 생각했다.

히말라야 트래킹 여정 중에 푼힐Poon Hill 전망대에서 떠오르는 해를 기다리며 본, 설산에 뜬 고요한 달빛도 아름다웠지만, 하루 종일 산길을 걸으며 어디서나 피어 있던 '랄리구라스'를 보는 것은 행복이었다. 하얗게 눈 덮인 설산을 배경으로 붉은 꽃이 가득 피어 있는 모습은 그 자체로 이미 비현실적인 선경이었다.

히말라야의 커다란 랄리구라스 숲 사이로 걸어보면 알 수 있다.
지구엔 우리 인간만 살지 않는다는 것을. 지상의 천국 히말라야를 걸으며, 또 지저분하고 흙먼지 날리는 카트만두의 거리를 걷고, 삶과 죽음이 함께하는 파슈파티나트 사원 앞의 화장터를 보며 자연과 인간, 삶과 죽음의 차이가 그리 크지 않다고 생각했다. 그리 큰 의미가 있지 않다는 생각도 들었다. 네팔은 삶과 죽음, 천국과 지상이 함께하는 신비한 나라였다. 랄리구라스라는 히말라야의 아름다운 꽃나무가 그런 감동을 더했음은 분명하다.

히말라야를 떠나 한국에 돌아오니 이제는 삶과 죽음, 이 둘을 좀 더 가까이 품을 수 있을 것 같았다. 욕심을 가볍게 내려놓을 수 있을 것만 같았다. 돌아와 그동안 밀린 일들을 서둘러 처리하며, 또 전시를 준비하며 자연스레 다시 현실로 돌아왔지만, 길을 걷다가 불쑥 생각나는 그 사람처럼 그렇게 히말라야를 생각한다.

투박하지만 향긋한, 한 송이 랄리구라스의 향이 스며 있는 것만 같은 네팔의 럭시를 떠올린다.

랄리구라스 나무 아래 하이킹하는 두 사람

산길에 떨어진 랄리구라스 꽃

7

수많은 생명의 안식처, 맹그로브

바닷가 맹그로브 숲

얀 마텔의 맨부커상 수상작 『파이 이야기』에 녹색 섬이 나온다. 조난 상태에서 발견한, 마치 낙원 같았으나 나중에 식인섬으로 밝혀진 바로 그 섬이다. 이 소설은 동명의 영화로도 나와 국제적으로 많은 상을 받았고 수많은 영화광의 인생 영화가 되었는데, 나에게는 '바다 위에 떠 있는 나무만으로 이루어진 섬'이라는 이유만으로도 매력 있는 영화였다.

이 섬이 맹그로브 섬이란 직접적인 표현은 없으나 다음과 같은 이유로 난 맹그로브 숲의 묘사라고 확신했다. 우선 섬은 돌이나 흙 하나 없이 나무

맹그로브 나무가 마치 섬 같다.

만으로 이루어졌고, 물 위에 떠 있으며(맹그로브는 사실 바다 바닥에 굳건히 뿌리를 내리고 있지만), 지독한 냄새가 나는 산성 우물(맹그로브숲 냄새는 바다의 모든 냄새를 압축해놓은 듯한 악취에 가깝다)을 가지고 있다는 것이 맹그로브숲의 일반적인 생태와 너무나 흡사했기 때문이다.

아열대나 열대의 해변 또는 해수와 담수가 섞여 있는 하천 하구에서 자라는 관목 또는 교목을 지칭하는 '맹그로브'는 사실 수많은 나무 종을 포함한 단어다. 전 세계에 100여 종이 110여 개국에 분포한다고 한다. 맹그로브

[수많은 생명의 안식처, 맹그로브]

는 물 위로 솟아오른 뿌리로 호흡하는데 이를 '호흡근'이라고 부른다. 그리고 뿌리로 빨아들인 바닷물의 염분을 이파리로 내보낸다.

나무에서 자라서 개펄에 떨어진
맹그로브 주아 어린 맹그로브

주아가 뿌리를 내리면
드디어 한 그루의 나무로 자란다

번식 방식도 특특하다.

맹그로브의 씨가 나무에서 어느 정도 자라 작은 묘목과 같은 '주아主芽'가 되면 나무에서 떨어져 물 위를 떠다닌다. 이때 이 주아에는 엽록소가 있어 일정 기간 생존이 가능한데, 떠다니던 주아가 맹그로브 생장에 적당한 깊이의 바닷가에 닿으면 바닥에 뿌리를 내려 자라기 시작한다.

맹그로브의 뿌리 구조는 매우 강인하여 해안 토양의 침식을 막아줄 뿐만 아니라, 해일로부터 해안을 보호하기도 한다. 또 촘촘한 뿌리로 인해 유속이 느려져 토양이 퇴적된 개펄을 조성하여 다양한 생물이 서식할 수 있는 환경을 만든다. 이에 따라 만들어진 생태계에는 많은 영양분과 미생물을 있어 새우, 게의 서식지 역할을 하며, 다양한 물고기의 산란장이 되고 새끼들의 은신처와 서식지를 제공한다. 단순한 퇴적이 아니라 육지에서 흘러 들어온 각종 유실물의 마지막 정화조 역할도 한다. 더구나 일반 나무의 5배인 1헥타르(1만 제곱미터, 약 3025평)당 1000톤의 탄소를 저장하는, 엄청난 탄소 저장고이기도 하여 지구 온난화를 늦추는 데 큰 역할을 하고 있다.

맹그로브의 거칠고 강인하고 촘촘한 뿌리는 해일을 막는 것에서 그치지 않고, 유속을 느리게 하여 물고기의 산란장이 되고, 유실되어 바다로 흘러간 토양과 각종 영양분을 퇴적해 수많은 생물이 살 수 있는 '완벽한 바다 생태계'를 조성하는 것이다.

마침내 2023년 6월, 건기가 시작되는 계절에 맹그로브 촬영을 위해 피지에 갔다. 남태평양의 섬나라 피지는 작은 크기임에도 불구하고 비가 많이 오고 밀림이 우거진 아열대 기후와 강우량이 적고 초원이 많은 사바나 기후로 나뉜다. 겨울에 해당하는 6~8월이 계절 중에 가장 서늘하고 강우량이 적다. 마치 우리나라의 초가을 같았다. 흔히 관광지로 알려진 피지, 도시는 비교적 부유한 번화가도 있었지만, 가난한 사람들이 모여 사는 빈민가도 많았다. 관광객들이 주로 가는 피지 해안이나 섬의 리조트 주변엔 맹그로브 숲이 파괴되어 사라진 곳이 많았다. 하지만 도시에서 멀리 떨어진 초원이나 밀림에 있는 '빌리지(촌락)'엔 아직 개발의 손길이 닿지 않은 넓은 맹그로브 숲이 있었다. 빌리지 주민들은 이 맹그로브 숲에서 잡은 머드 크랩mud crab을 한 줄로 꽁꽁 묶어 도로에 가지고 나와 지나가는 차들을 상대로 팔기도 했다.

답사가 끝나고 본격적인 맹그로브 촬영이 시작되었다.

맹그로브 고목

맹그로브 숲이 우거진, 피지의 옛 수도 레부카Levuka가 있는 오발라우Ovalau 섬 남쪽 해변에 도착했을 때는 썰물이었다. 뿌리가 허공에 드러난 맹그로브 나무들은 마치 바다 위를 걷는 사람 같았다. 맹그로브에 가까이 다가가기 위해 물 빠진 개펄을 걷다가 내려다본 바닥엔 발 디딜 틈이 없이 불가사리와 작은 바다 생물로 가득했다. 차마 그 위를 걷지 못하고 한참을 망설였다. 맹그로브 숲이 있는 바다는 수많은 바다 생물의 서식지였고 생태계의 보고였다.

1차 촬영을 끝내고 밀물 때에 맞추어 새벽에 다시 그 맹그로브 숲을 찾아갔다. 그 많던 개펄의 생물들은 맹그로브 뿌리와 함께 바다 속에 잠겼고, 맹그로브 숲에서 떨어진 곳에 있던 단 한 그루의 어린 맹그로브 위로 밝은 보름달이 떠올랐다. 모든 생명을 품은 바다는 아무 일도 없었다는 듯 고요한 달빛에 반짝이고 있었다. 해변에 부딪히는 나지막한 물결 소리만 들리는 적막함 속에 홀로 서 있는 녹색 맹그로브의 모습은 낙원 같았다.

피지 촬영을 떠나기 이틀 전 사고로 부러진 발 뼈가 걸을 때마다 고통을 통해 매순간 현실을 일깨웠고, 피지 제2의 도시 라우토카Lautoka의 분리수거하지 않은 쓰레기 언덕이 20여 일 동안 화재로 지독한 매연을 뿜어 주민들을 괴롭혔지만, 도시를 떠나 맹그로브와 밀림의 나무가 가득한 원주민들의 마을인 '빌리지'를 돌아다니는 동안 이곳 피지가 낙원이라는 생각은 한 번도 변하지 않았다.

산이 하늘과, 섬이 바다와, 사람이 자연과 조화를 이루며 살고 있는 피지의 빌리지는 낙원이 분명해 보였다. 모든 촬영을 마치고 돌아오며, 바다 생태계의 중요한 한 축을 이루며 막대한 탄소 저장을 통해 기후 위기와 함께

빌리지에 속해 있는 맹그로브 숲

해일의 피해까지 막아주는 맹그로브 숲이 영원하기를 바라는 마음으로, 그 맹그로브 숲과 어울려 사는 피지인과 그 빌리지가 오랜 시간 사라지지 않기를 바랐다.

    낙원은 오직 빌리지에만 존재했다.

이순신 장군도 쉬어간 대벽리 왕후박나무

단항마을의 왕후박나무

옛날에 한 노부부가 바다에서 큰 물고기를 잡았다.

고기를 해체하자 배 속에 씨앗이 있어 그것을 심었더니 자라 커다란 나무가 되었다. 그 나무가 약 100년 가까이 자랐을 즈음 임진왜란이 터졌다. 마침, 이순신 장군이 이곳에 많이 자생하던 대나무를 태워 대나무가 탈 때 터지는 소리를 마치 화약 터지는 소리인 양 위장하여 인근 일본군의 사기를 꺾었다. 또한 이순신 장군이 한산도로 돌아가다 1592년 7월 6일, 이 나무 아래서 병사들과 휴식을 취하기도 했다.

남해군 창선도 대벽리 단항마을에 살고 있는 왕후박나무에 전해 내려오는 이야기를 『난중일기』에서 찾아볼 수 있는 자료와 함께 하나로 묶어보았다. 은유로 가득한 신화도 아니고, 사실적이며 매우 있을 법한 이야기다. 이순신 장군을 위해 마을 사람들이 음식을 만들었다고 하니 역사적 사실일지도 모른다.

왕후박나무는 녹나뭇과의 늘푸른나무인 후박나무의 변종이다. 후박나무보다 잎의 길이가 짧지만, 끝이 더 넓어 왕후박나무라고 부른다. 남해 창선도 대벽리 왕후박나무는 1982년 천연기념물로 지정되었다. 나무가 차지한 면적은 314제곱미터이고, 추정 수령은 500년 이상이다. 남해군에서 관리한다. 나무 높이 약 10미터, 밑동의 둘레 11미터에 줄기가 밑에서부터 11개로 갈라져 있는데, 동쪽과 북쪽이 긴 타원형으로 가지가 뻗어 있다. 다가가서 안아보면 줄기 하나하나가 웬만한 나무 한 그루와 맞먹는다. 주로 따스한 남쪽 해안가나 섬 지역에 자라는 후박나무의 껍질과 열매는 약재로도 쓰이고, 나무가 웅장하고 아름다워 정원수로도 쓰이고 방풍림으로도 심는다.

이순신 장군과 얽힌 이야기를 알고 왕후박나무 아래에 섰을 때의 느낌은 남달랐다. 책으로만 읽은 이야기가 이제 실제 눈앞에 살아 있는 나무를 통해 전해져 오는, 손에 만져지는 '사실'로 다가왔기에 느낄 수 있는 특별한 감흥이었다. 실제 단항마을 사람들은 '이순신 나무'라고도 불리는 이 나무 앞에서 해마다 음력 3월 10일에 모여 어부의 안녕과 풍어를 기원하는 '용왕제'를 지내고 있다.

큰 나무, 특히 산 깊은 마을이나 섬마을에서 큰 나무는 마을 사람들에게 매우 신성한 존재다. 남해 역시 마찬가지다. 나무들을 촬영하기 위해 남해에 한 달간 살며 둘러본, 남해의 많은 보호수와 노거수 앞에는 대나무들이 꽂혀 있었고 그 대나무에는 금줄이 쳐져 있었다. 인간이 나무에 의지하며 기원하는 것은, 무언가 해달라는 것보다는 결국 스스로 다짐하는 것처럼 보였다. 어쩌면 그 다짐이 쌓여 신념이 되고 험한 자연과 더 험한 사람들과 더 불어 살아갈 용기가 되었으리라.

  이처럼 많은 사람의 기원과 슬픔을 온전히 받아안은 나무는 그 사연들을 차곡차곡 껍질 사이에 담고 있는 것처럼 보였다. 어떤 틈에서는 싹이 나기도 했고 어떤 틈은 갈라져 상처가 되기도 했지만, 시간이 흐르자 그대로 몸통이 되어버렸다. 염원을 이룬 사람이건 못 이룬 사람이건 시간이 지나자

왕후박나무와 단항마을 할머니

모두 떠나버렸고, 또 다른 이들이 와서 많은 이야기를 했으나 그건 또 다른 이야기였을 것이다. 그리고 그들도 다시는 찾지 못했으리라.

　남해에 와서 비로소 기억났다.

　37년 전 친구들과 남해 상주에 왔었다는 사실. 그뿐만 아니라 플라스틱 필름 통에 글을 쓴 종이를 넣어 '타임캡슐'을 만들었고 상주에서 올려다보이는 금산 중턱에 묻었다는 사실이. 내용은 기억나지 않았지만, 심지어 묻은 곳의 지형까지 생생하게 떠올랐다. 젊은 날의 꿈이 담긴 타임캡슐, 어쩌면 어설플지도 모르는, 하지만 그래서 가장 순수하고 아름다웠을 타임캡슐이 바로 눈앞 금산에 있었다. 상주에 한 달을 거주하며 내 타임캡슐이 있을 금산을 매일 올려다보았고 그때마다 반문했다.

　내가 기억하지 못하는 기억이란 무엇이고 느끼지 못하는 시간은 도대체 무엇이란 말인가.

　촬영이 끝난 지금 모니터에 떠 있는 나무, 인간의 염원을 고스란히 간직한 왕후박나무를 본다. 나무가 인간에게 그랬던 것처럼, 언젠가 내 사진들이 내가 촬영한 나무들의 타임캡슐이 되길 바란다.

　예전에 금산에 묻었던, 젊은 날의 그 기억은 끝내 찾지 않았다. ✿

[이순신 장군도 쉬어간 대벽리 왕후박나무]

9

신안, 우실로 마실 가다

신안 암태도 익금 우실

처음 촬영을 시작한 섬나무 시리즈인 '제주신목'을 시작으로 '통영신목'을 거쳐 신안의 나무들을 촬영할 때 내 마음을 사로잡은 것은 '우실'이었다.

우실은 마을 출입구, 강한 바람이 부는 언덕 위 또는 풍수지리적으로 필요한 곳에 흙, 돌, 수목을 조성하여 만들었다. 지역에 따라 우술, 우슬, 돌담장, 당산거리, 방풍림, 방조림, 방파림, 정자나무 거리, 어부림漁付林, 노거수림 등 다양하게 불리고 있다. 경남 남해의 물건리 '방조어부림' 또한 우실의 한 종류로 볼 수 있다. 이처럼 우실은 서해안과 남해안의 섬과 바닷가에 널리 분포해 있다.

신안의 섬마을마다 존재하는 우실은 마치 방풍림과 비슷한 역할도 했으나 더 나아가 마을과 마을의 경계를 이루었고, 외부로부터 마을을 아늑하게 감싸주었으며, 바람과 소음을 막아주고, 농작물의 수확량을 높이며, 습도를 조절했다. 신안 장수도 도창리 노거수림처럼 외부, 즉 왜적에게 마을의 곡창지대가 보이지 않도록 숨기기 위해 마을 주위에 빙 둘러 나무를 심어 울타리처럼 조성하기도 했으며, 바닷가 인접한 남해 물건리 같은 곳에서는 나무로 숲을 조성하여 방조어부림을 만들어 많은 물고기를 잡기 위한 용도로도 우실을 활용했다.

　　우실은 돌로 만든 돌담우실, 흙으로 만든 토담우실, 살아 있는 나무로 만들어진 생우실이 있다. 또한 돌담우실 옆에 나무를 심어 생우실을 함께 조성한 곳도 있었다. 신안 암태도 익금 우실이 바로 돌담과 나무를 이용한 복합우실이다. 나는 생우실만을 찾아다녔는데, 나무만을 촬영하는 나에게는 당연한 일이었다. 따스한 지역인 신안의 우실을 이루는 나무들은 주로 오래된 팽나무였고, 마을 언덕 위에 우아하고 아늑하게 또는 장엄하고 신비롭게 자리하고 있었다.

　　우실에 유독 보호수가 많은 것은 마을 사람들이 우실의 나무들을 힘써 돌보고 가꾸었기 때문이다. 물론 바람을 막고, 수확량을 높이기 위한 실용적인 이유도 있었겠지만, 우실은 또한 마을과 마을의 경계를 나누어 '우리는 같은 마을 식구'라는 공동체 의식을 심어주었을 것이다. 어찌 되었든 이런 이유 덕분에 신안에 가면 우실이 많이 남아 있고, 이 우실에 심어져 있는 나무 중 보호수나 노거수가 많다. 나무를 찾아다니는 입장에서 참 고마운 일이 아닐 수 없다.

　　한 줄로 늘어선 우실의 나무들을 바라보는 것은 한 그루의 나무를 보는

남해 물건리 방조어부림

것과는 사뭇 다른 감정을 자아낸다. 한 그루의 나무에서 어떤 의지와 고독을 본다면 우실의 나무에서는 함께 살아가는 즐거움과 위안을 느끼게 된다. 하의도 어은리 우실을 촬영하던 날, 수많은 별빛 아래 나란히 늘어선 나무들을 보았다. 촬영을 위해 신안을 답사했을 때 이미 '파란 반짝임'이 이번 신안 촬영의 주된 조명이 될 거라고, 파란 바다의 윤슬과 반짝이는 염전을 보며 그렇게 마음을 정했었다. 그 파란 조명을 받고 선 어은리 우실 나무들 위로 한순간 별똥별이 떨어졌다. 나란히 늘어선 나무들이 합창하듯 내게 말했다. '너 이런 광경 본 적 있니?'

매일같이 다른 누구와 함께 무엇을 본다는 것은 어떤 것일까. 나란히 서서 하늘의 별들을 마주하고 있는 나무들을 바라보며 잠시 혼자인 나를 돌아보기도 했다.

감상에 젖은 나를 흔들어 깨운 것은 건너편 외딴집에서 이방인의 인기척을 느끼고 열심히 짖기 시작한 한 마리 개였다. 감상에 너무 오래 빠지면 위험하다.

신안 안좌도 여흘리 우실

우실의 중간 중간에 죽은 나무들을 대신해 새 나무들을 심은 안좌도 여흘리 우실을 보았다. 오래된 팽나무와 새로 심은 작은 팽나무를 보며 그 마을 사람들을 생각했다. 처음 나무를 심은 어른들이 있었고, 그 마을에서 태어나고 자란 그들의 아이들이 있었다. 그리고 그 아이들이 자라 어른이 되어 다시 나무를 가꾸었다. 그렇게 대대로 이어져 패총처럼 쌓인 마을의 역사가 고스란히 우실에 남아 있었다.

사람 사이의 뜨거운 사랑이 한때 사람을 살아가게 한다면, 나무에 대한 인간의 사랑은 이렇게 나무에 남아 오랜 시간 인간을 존재하게 했다. 무덤

마저 무너지고, 족보마저 사라진 세상에서 누가 한순간 살다간 이를 기억할까. 그나마 그가 심은 나무가 있어 지나는 이 잠시 머물며 감사한 마음 표할 수 있었음을. 내 남은 시간 역시 그런 삶이길 간절히 바라지만, 자연에 기대어 살아가는 인간인 나에게 어쩌면 그조차 과분한 일인지도 모르겠다.

지금도 신안 우실 아래 갯벌에 부서지던 3월의 눈부신 저녁 햇살을 떠올리면 나도 모르게 실눈을 뜨게 된다. 그러면 희미하게 보이는 그리운 팽나무들.

지금쯤 연두색 이파리 돋아났을까? ✼

아닐 비非, 비자榧子나무

제주 평대리 비자림

비록 잎 모양이 한자 '아닐 비非'를 닮아 비자나무라 불렸다지만, 늘 푸른 바늘잎 주목과인 비자나무는 조직이 치밀해 최고의 목재 중 하나다. 특히 비자나무로 만든 바둑판은 최고로 치는데, 그중에 갈라지고 다시 스스로 메꾸어진 흔적이 있는 바둑판이 최상급이라고 한다. 비자나무는 스스로 치유하는 능력조차 뛰어난 것인지도 모르겠다. 또한 비자나무 열매는 약한 독성이 있어 과거 민간에서 구충제로도 사용했다. 중국에는 없고 우리나라와 일본에서만 자생하는 비자나무는 주로 남쪽 해안 지역이나 섬에 분포하는데,

육지로는 전북 내장산이 한계선이다. 그중에 제주 구좌읍 평대리 비자림은 약 44만 제곱미터에 500~800년생 비자나무 2800여 그루가 서식하는 세계 최대의 비자나무 군락지다.

    2016년, '숲' 시리즈 사진 촬영을 위해 제주도 구좌읍 평대리 비자림에 간 날은 부슬비가 내렸다. 습도 높은 날 비자나무의 향은 더욱 진했다. 드넓은 숲이 온통 비자나무였다. 사람이 별로 없는 숲길을 따라 걷다 마주한 가장 커다란 비자나무의 주변을 한 바퀴 돌았다. 4·3사건, 그리고 근래 제주에 불어닥친 난개발 열풍에도 이렇듯 비자나무 군락지가 온전히 남아 있다는 사실이 그저 고마웠다. 혹시나 사라질까 정신없이 사진으로 기록했다. 마침내 비가 멈추자 비자나무 아래 비를 피하던 많은 사람이 다시 걷기 시작했다. 비자나무 군락지를 군집한 사람들이 함께 걸었다. 세상엔 같이 모여 있어야 아름다운 것들이 있다.
    참고로 '비자림'이 아닌, '비자림로' 주변에 있는 나무들은 비자나무가 아니라 삼나무다.

    다시 비자나무를 접한 것은 남해유배문학관에서 '남해신목_시간의 기억'을 전시 중이던 2024년 3월 이른 봄이었다. 2023년 1월에 남해군 이동면 난음리에서 비자나무 20여 그루가 한 노거수 단체에 의해 발견되어 외부에 알려지게 되었다는 이야기를 듣고 전시 기간에 찾아갔다. 주소만으론 큰 나무들을 찾을 수 없어 주민들에게 물었으나 쉽사리 찾지 못했고, 산기슭 이쪽저쪽을 헤매다 나중에 밭에서 일하던 노부부가 저쪽에 가면 비자나무가 몇 그루 있다고 하여 힘들게 찾았다.

제주 비자림 비자나무. 비자림에서 가장 오래된 비자나무다.

남해 이동면 난음리 비자나무

　비자나무는 마을 위에 있는 저수지 바로 아래 왼편에 있었다. 저수지 밑에 있는 수로 위를 걸어가면 움푹 들어간 산기슭에 큰 나무 몇 그루가 모여 있었다. 제주 비자림의 비자나무와는 달리 비교적 곧게 뻗어 있는 비자나무들, 이 나무에서 저 나무로 발길을 옮기며 나무들을 만져보았다. 이 나무들은 모두 가슴둘레가 3미터 이상이었다. 수령 또한 150~300년 가까이 되었다고 하니 하루빨리 보호수로 지정해야 할 나무들이다.

　현재 강진 삼인리, 사천 성내리, 진도 상만리 비자나무와 장성 백양사, 고흥 금탑사, 해남 녹우단, 화순 개천사 그리고 앞에 언급한 제주 평대리 비자나무 숲이 천연기념물로 보호받고 있다.

　아무튼 오랜 세월 마을 주민들 외에는 관심을 받지 못하던 난음리 비자나무가 이제 세상에 알려지게 될 참이다. 나무의 위치를 묻는 내게 밭에서 일하던 할아버지가 하신 말씀이 머리에서 떠나지 않는다.

[아닐 비, 비자나무]

"그 나무 살라고요?"

그렇게 오래된 나무는 사서 옮기는 게 아니다. 혹시나 팔릴까 싶은 우려에 하신 말씀이라고 생각하기로 했다.

나무를 보고 돌아오는 길, 고려 말 성리학자 백이정을 모신 난음리 난곡사에 내린 노을빛은 무척이나 아름다웠다. 난음리 비자나무도 오래 보존되기를, 저 노을처럼 지나는 이들에게 그 아름다움 오랜 시간 전해지길 바란다.

이 역시 인간인 나의 욕심일지도 모른다.

그 아름다움을 느끼는 것도 결국 우리 인간의 몫일 테니까. 🌱

남해 난음리 난곡사

11

동백꽃이 언제 가장 아름다운가요?

다기에 꽂힌 동백꽃

　동백나무를 촬영하러 강진 백련사로 달려간 것은 3월 초 어느 날 이른 아침이었다.

　일찍 도착하여 출출한 배를 채우기 위해 이곳저곳 둘러보았으나 마땅히 문을 연 곳이 없었다. 체념하고 절로 들어서니 백련사 다원이 문을 열 준비를 하고 있었다. 반가운 마음에 요깃거리가 있는지 물었다. 차를 주문하면 떡이 나온다고 했다.

　차를 주문하니 한 여성이 다기들을 가지고 와 다도를 하기에 무심코 물었다.

"동백꽃이 언제 가장 아름다운가요?"

아직 절 옆에 있는 동백 숲에 가보지 않아 지금 동백꽃이 얼마나 만개했는지 알지 못한 상태였기 때문이다.

"동백은 질 때 가장 아름답습니다."

그 순간, 넓은 통창으로 저 멀리 내려다보이는 강진만에 아침 햇살이 비쳤다. 그 햇살은 창을 넘어 다도를 하는 여성의 뒤에서 역광이 되어 한복과 얼굴에 반짝이는 실루엣을 만들었고 그 그림자는 찻잔에 떨어졌다. 비록 대답의 의미는 알지 못했으나 그 장면이 참 아름답다고 생각했다.

다원에서 차를 마신 후 옆에 있는 동백 숲에 가서야 그 말의 의미를 알 수 있었다.

동백나무 사이 좁은 산길에 꽃봉오리 그대로 툭 떨어진 동백꽃이 지천으로 깔려 꽃길을 만들고 있었다. '아, 바로 저걸 말한 거였구나!'

동백은 정말 질 때 가장 아름다웠다.

촬영하는 내내 행여라도 떨어진 동백꽃을 밟을까 싶어 조심스레 발걸음을 옮겼다.

우리나라에 동백나무 숲은 옹진 대청도, 고창 선운사, 서천 마량리, 여수 오동도, 거제 동부면 학동리와 지심도를 비롯해 몇 군데가 있다. 난 그중에 강진 백련사 동백나무 숲을 최고로 꼽는다. 물론 국내 최대의 동백나무 군락지는 3600여 그루가 자라고 있는 여수 오동도다. 백련사 동백나무 숲은 비록 1500여 그루에 불과하지만, 그것이 최고인 이유는 완만한 능선에 자리한 아름드리 동백나무 사이를 수도하듯 걷기에 최적의 장소이기 때문이다. 중간 중간에 있는 부도는 더욱 청아한 분위기를 자아낸다.

동백꽃이 떨어진 모습

동백나무와 부도

　동백나무는 우리나라와 중국 일본에서 자생하며, 우리나라는 웅진 대청도를 북한계선으로 하여 전북 고창, 전남 완도, 해남, 강진, 여수, 경남 거제 등 남해안 지역 그리고 제주도처럼 따스한 지역에서 주로 자란다. 거제 외간리, 통영 죽도와 충열사의 동백나무는 그 크기가 엄청나다.
　동백나무는 관상용으로 심지만, 동백의 열매는 기름으로 짜 머리에 발라 윤기를 내기도 했다. 동백은 동백의 꿀을 먹고 사는 동박새의 도움으로 꽃가루받이하여 열매를 맺는다. 너무 이른 추운 시기에 꽃이 피어 다른 곤충의 도움을 받지 못하기 때문이다.

　마음의 상념을 잊고 한참 백련사 동백꽃에 취해 동백나무를 촬영하고 있는데 갑자기 '뭐해요?' 하는 굵은 목소리가 들린다. 깜짝 놀라 돌아보니 막

[동백꽃이 언제 가장 아름다운가요?]

부도에서 걸어나온 듯한 스님 한 분이 나를 보고 있었다. 궁금한 것이 많은 스님과 이런저런 이야기를 하는데, 위에 있는 암자에서 수행하고 나오는 길이라며 사진을 한 장 찍어달라고 하신다.

이 글을 쓰면서 다시 기억났다.

안타깝게도 그때 촬영한 스님의 사진을 아직 전달하지 못했다. 듣고 기억했던 스님의 법명을 잊은 이유가 가장 컸다. 혹시라도 이 책을 보실까 싶어 그 사진을 책에 싣는다. 동백꽃은 붉은색이나 흰색, 분홍색 꽃이 피는데 색마다 꽃말이 서로 다르다고 한다. 그중에 '사랑'이란 말이 제일 많으니 부디 깊은 사랑으로 용서해주시길.

동백나무와 스님

지금도 강진만의 아침 햇살이 그리울 때면, 부도 사이를 사색하며 걷고 싶을 때면 가끔 백련사를 찾는다. 백련사의 동백 숲은 바라보기 위한 숲이 아니라, 그 속에 들어가 걷기 위한 숲이다. 숲과 하나 될 수 있는 온화하고 아름다운 곳이다.

동백꽃

예수의 가시관, 산사나무

내가 산사나무를 알게 된 것은 1990년대 말, '산사춘'이란 술이 대중적인 인기를 얻을 무렵이었다. 어머님의 직장 명예퇴직과 맞물려 부모님 고향인 홍천군 서석면 고분대월 골짜기에 작은 돌밭을 사서 집을 지었는데, 마침 이 동네에 자생하는 나무가 산사나무였다. 산사춘은 산사나무 열매인 '산사자'를 발효해서 만든 술이다.

산사나무는 중국 산사수山査樹에서 유래한 이름이며 우리나라에서는 아가위나무, 야광나무, 동배나무, 이광나무, 뚤광나무 등 여러 가지 방언으로 불린다. 외국에서는 호손hawthorn, 5월에 꽃을 피워 메이플라워May flower 등으로 불린다.

산사나무는 어릴 때 가는 가지에 가시가 있고 자라면서 굵은 기둥이 되면 가시가 없어진다. 더 이상 연약하지 않은, 장성한 시기가 되면 가시가 돋친 성격에서 원만한 성격이 되는 것과 같다고나 할까. 나무와 달리 사람은 간혹 반대의 경우도 있다. 산사나무의 이런 특성으로 인해 유럽에서 종종 땅의 경계나 집 주변에 생울타리 용도로 심었고, 예수가 마지막에 쓴 가시관이 호손Hawthorn 즉, 산사나무라는 설이 통설로 전해진다. 그 때문에 서양에서는 종교적으로도 신성시되는 나무로 액을 막아주고, 벼락을 막아준다는 이야기가 있다.

1620년, 청교도가 포함된 영국 뉴잉글랜드 최초의 이민자 102명을 플리머스항에서 싣고 북아메리카 매사추세츠주로 수송한 선박 이름이 메이플

고분대월에서 가장 크
고 오래된 산사나무.
지금은 죽었다.

라워이기도 하다. 아마도 위험한 항해에 언제나 따를 수 있는 액운을 막고 안전을 기원한 것이리라.

산사나무는 5월에 하얀 꽃이 핀다. 그 꽃이 지고 가을이 되면 녹색 이파리에 빨간 열매가 열려 가을에도 아름답다. 그래서 고분대월 골짜기에 자생하는 산사나무들이 정원수로 많이 팔려 나갔다고 한다. 이전에는 5월이 되면 골짜기가 온통 하얗게 덮였다고 하니 얼마나 많은 산사나무가 자생했을지 짐작할 수 있다. 그렇게 많이 외지로 팔려 나간 산사나무가 이식성이 좋지 않아 옮겨 심고 나서 많이 죽어버리는 바람에 거래가 뜸해졌다. 그래서 남은 게 그나마 지금 상태라고 하니 한편으로 다행이지 싶다.

고분대월에 부모님 집을 짓고 얼마 지나지 않아 마을에서 팔려 나간 산사나무 가로수 자리에 다시 산사나무 묘목을 심자는 이야기가 나왔을 때 나

산사나무의 꽃. 5월이면 하얀 꽃이 가득 핀다.

는 무척 기뻤다. 지역에 원래 자생했던 나무를 심는 것은 당연하다. 그만큼 기후와 토양이 맞아 잘 자랄 것이기 때문이다. 마을 이장님에게 부탁하여 가로수로 심을 산사나무 묘목을 공동 구매할 때 200여 그루를 추가로 구입했다. 마침, 주말에 놀러온 친구와 아직은 차가운 봄비를 맞아가며 진흙탕에서 반나절 동안 심었다. 마치 바둑판처럼 밭에 미리 동아줄을 띄워 나중에 관리와 수확이 쉽도록 오와 열을 맞추어 심었다. 심는 날 비가 와서 잘 자랄 거라는 기대처럼, 한 그루도 죽지 않고 모두 살았다. 그 묘목들이 자라나 첫 하얀 꽃을 피웠을 때를 잊지 못한다. 20여 년이 지난 지금 그 나무들이 크게 자라 해마다 산사자를 맺는다. 당연히 병충해도 없다.

산사나무 열매 산사자

산사나무의 열매인 산사자는 발효시켜 술을 만들기도 하지만, 한방에서는 감초 다음으로 많이 쓰이는 한약재라고 한다. 소화를 촉진하며 체했을 때 좋다. 배가 아프거나 더부룩하고, 설사가 있을 때 사용한다. 또한 혈액을 맑게 하여 어혈을 없애고, 혈액의 흐름을 도와 고지혈증에도 효과가 있다고 한다. 강심 작용, 혈압 강하, 혈관 확장 등, 혈액순환 개선에 효과적이어서 한방에서 널리 쓰인다.

 20여 년 전에 심은 산사나무 열매가 나이 든 부모님의 살림살이에 도움이 되어서 기쁘기도 하지만, 내 손으로 심은 장성한 산사나무를 보는 것만으로도 감회가 새롭다. 더구나 봄에는 하얗게 만발한 꽃을, 가을에는 빨간 열매가 가득 달린 아름다운 나무들을 보는 기쁨은 그 어디에도 견줄 수가 없다. 바람이 세게 부는 봄날, 떨어져 날리는 꽃잎을 보는 것은 또 다른 즐거움이다. 나무는 틈만 나면 일단 심고 볼 일이다.

고분대월에 2006년에 심은 산사나무가 자라 많은 산사자가 열렸다.

원시의 꽃, 목련

남해유배문학관 정원에 핀 목련꽃

목련에 관한 두 가지의 기억이 있다.

중학교 국어 수업 시간, 아마도 '목련'이란 단어가 나왔던가 싶다. 선생님이 갑자기 남학생 반인 우리에게 말씀하셨다.

"너희들 목련 좋아하는 여자와는 결혼하지 마라."

"왜요?"

"혼자 고고하게 피고 또 떨어질 때는 추하다. 과부상이다."

목련

    지금 생각해보면 말도 안 되는 이야기지만, 당시 까까머리 어린 중학생에게는 생각지도 못한 말이었다. 충격이었다. 이른 봄에 이파리도 나지 않았는데 큰 꽃이 피는 목련을 무척 신기하게 생각하고 있었기 때문에 더욱 그랬다. 지금도 그렇지만, 단독 주택엔 으레 한두 그루씩 있었고 학교에도 여러 종류의 목련나무가 심어져 있었다.
    어린 시절 선입견 때문이었는지 그 뒤로 목련이 눈에 들어오지 않았다.
    하지만 목련은 그리 가벼운 나무가 아니다. 목련속 나무들은 인류가 출현하기 훨씬 전인 1억 3200만 년 전인 중생대 백악기 때부터 현대까지 살아남은 최초의 꽃식물 중 하나다. 참고로 인류 이전 인류의 시초라고 보는 아프리카 유인원이 나타난 것이 신생대 말기, 즉 현재로부터 그리 멀지 않은 600만 년 전이다.
    그리고 목련이 출현한 시기는 벌과 나비가 출현하기 전이라고 한다. 그래서 벌과 나비를 유인하기 위한 꿀샘이 없다. 대신 꽃가루를 먹는 딱정벌레 같은 곤충을 유인하기 위해 유달리 향이 강해 멀리 퍼지는 꽃을 피우는 종류가 많다.

우리나라에서 목련은 제주도와 추자도에서 자생하는데, 제주도 한라산 1000미터 산악지역에 높이 15미터에 달하며, 가슴 높이 둘레가 3미터에 이르는 300년 된 최고령 목련이 있다. 얼마 전 그 목련이 꽃이 피었다는 신문기사가 나기도 했다. 꽃이 핀다는 것은 아직 생장이 잘 이루어지고 있다는 의미이니 다행스런 일이다.

목련에 관한 또 다른 한 기억은 폴 토머스 앤더슨 Paul Thomas Anderson 감독의 영화 「매그놀리아」다. 정신없이 전개되는 우연이 결국 하늘에서 내리는 '개구리 비'로 인해 모든 게 마무리되는 '정신없는 영화'를 보고 왜 영화 제목이 '목련'인지 고민했었다.

'포스터를 보면 등장인물이 그려진 목련 꽃잎 7개가 가운데 꽃술에 하나로 연결되어 있는데, 영화에 등장하는 각각의 에피소드들이 결국에는 하나로 수렴되어서일까? 그런데 하필 왜 목련일까? 목련이 상징하는 것은 도대체 무엇일까?' 하는 궁금증은 꽤 오래 지속되었다. 영화를 보면서 받았던 인상은 마치 중학교 국어 시간에 들었던, 목련에 관한 선생님의 선입견이 나에게 심어주었던 충격 같이 강렬한 것이었다.

나중에 감독의 인터뷰에서 '매그놀리아'는 자신이 자주 걸어다녔던 거리 이름이라는 말을 들었다. 허무했다. 어쩌면 감독이 의도한 고도의 장치일지도 모르겠다. 영화에서의 모든 사건이 우연인 것처럼, 영화의 제목도 우연히 붙였다는 것을 말함으로써 다시 한번 영화의 주제를 이야기하기 위한 감독의 치밀한 의도. 이쯤 되면 영화 마니아가 되는 것이니 더 이상의 상상은 그만두기로 한다.

 인간이 자연에 가져다 붙인, 특히 나무나 식물에 만들어 붙인 모든 상징이 이와 마찬가지가 아닐까 생각한다. 자연은 그저 그대로 존재할 뿐인데, 인간의 상상력이 만들어 붙인 상징, 인간의 의미일 뿐이다. 다만 그것이 인간이 자연을 이해할 수 있는 실마리를 제공한다면 그 또한 무의미한 것은 아닐 것이다. 예를 들면, 어린 왕자가 애정을 쏟은 장미는 다른 장미와는 다른, 의미 있는 '특별한 장미'가 되어 어린 왕자의 특별한 관심을 받게 되었으니 말이다.

 하지만 또 이런 생각을 해본다.

 꼭 그러한 지극히 개인적인 인식의 과정이 없더라도, 있는 그대로, 치우침 없이 모두를 아우를 수 있는 그런 내적 단계도 가능하지 않을까?

 그러다 깨닫는다.

 아, 그게 바로 자연이구나!

 중학교 국어 선생님께 듣고 처음 내 마음속으로 들어온 목련, 볼 때마다 가까이하기에 쉽지 않았던 그 목련을 중년이 되어 다시 본다. 피어날 때 그렇게 싱그러웠던 꽃이 한 시절 향기를 뿜다가 어느새 질 때가 되면 미련 없이 떨어진다. 떨어지기 싫어 봄이 올 때까지 나무에 매달려 붙어 있는 말라비틀어진 이파리보다 숭고하다. 질 때 깨끗이 가는 것이 자연의 이치에 맞다. 이 얼마나 멋진 꽃이란 말인가.

 남해신목 전시를 하고 있는 2024년 봄, 남해유배문학관의 목련은 올해도 스스로 아름답게 피었다.

목련

숲의 지배자 서어나무

200여 년 전 마을이 만들어지기 시작할 때 이곳을 지나던 스님이 있었다. 스님은 '들판 가운데는 안 좋은 터'라며 마을을 만들지 말라고 했으나 아무도 스님의 말을 귀 기울여 듣지 않았다. 그 후 마을이 생기고 나서 사람들이 질병으로 죽기 시작했다.

또 다른 스님이 마을을 찾아왔다. 이 스님은 마을 북쪽에 성을 쌓아 액운을 막거나, 성을 쌓을 수 없다면 나무라도 심어서 숲을 만들라고 일러주었다. 당시 스님이 일러준 말에 따라 마을 전체가 합심해 조성한 것이 지금의 서어나무 숲이다. 바로 남원 행정마을 이야기다.

숲이 생기자 신기하게도 마을의 전염병이 사라졌다고 한다. 심지어 이 마을에 전해오는 일화에 따르면 일제강점기와 한국전쟁 때에도 이 마을에서는 목숨을 잃은 이가 단 한 명도 없었다. 스님의 선견지명 덕분인지는 모르겠으나, 그로 인하여 행정마을에는 100여 그루의 서어나무가 자라는 아름다운 숲이 생겼으니 이것만으로도 마을 사람들에게는 행복한 일임이 틀림없다. 농번기에 논과 밭에서 땀 흘려 일하는 농민들에게 훌륭한 휴식처를 제공하는 행정리 서어나무 숲은 실제로 2000년 열린 '아름다운 숲 전국대회'에서 제1회 생명상 대상을 수상하기도 했다.

서어나무는 우리나라와 일본에서 자생하는 자작나무과 낙엽교목으로 껍질은 회색, 가지는 마치 근육질과 같은 울퉁불퉁한 모습이라 '근육나무'라

남원 행정리 서어나무 숲

고 불리고, 어긋난 타원형의 잎을 가진다. 천연기념물인 장수하늘소 이외에도 장수풍뎅이, 사슴벌레 등이 이 나무에서 서식한다. 숲의 천이 과정을 보면, 햇빛이 많이 필요한 양수성 침엽수인 소나무가 자라고, 소나무가 수명을 다해 때죽나무, 쪽동백나무 등 빛이 많이 없어도 잘 자라는 음수성 관목이 자라다가 이 관목들이 토양을 비옥하게 만들면 큰 교목나무인 참나무가 자란다. 이 참나무들이 수명을 다하면 숲이 더 이상 변하지 않는 마지막 상태인 '극상림'을 구성하는데, 이때 주를 이루는 나무가 서어나무다. 이런 이유로 서어나무를 '숲의 지배자'라고 부른다.

임권택 감독은 2000년 개봉한 영화 「춘향뎐」을 제작할 때 이곳에서 촬영했다. 춘향이가 탄 그네를 맨 나무가 바로 이곳 서어나무 숲의 서어나무다. 서어나무 숲을 촬영하러 온 날은 날씨가 흐렸고, 촬영을 마칠 즈음 비가 내렸다. 촬영이 끝나고 근처 민박집에서 빗소리를 들으며 잠시 잠이 들었는데 꿈을 꾸었다. 아쉽게도 내용은 기억나지 않았지만, 누군가의 그네를 밀어주지 않았을까?

잔잔한 파도 소리 같이 들리던 서어나무 숲에 불던 바람, '숲의 지배자'란 별명과 어울리지 않게 고요하고 평화로웠던 순간을 떠올리며 문득 생각했다. 극상의 상태, 극상의 지배란 서어나무 숲과 같이 고요하고 평화로운 상태의 지배일지도 모른다고. 숲의 일생이 있고, 그 마지막에 서어나무가 사는 극상림이 있다. 우리 인간 사회도 오랜 시간이 지나면 모든 전쟁이 사라지고, 갈등 없이 평화롭고 고요한, 극상림과 같은 그런 시기가 올까? 아니면 끊임없이 오류를 반복하는 것처럼 보이는 지금 인류의 역사와 같이 흥망성쇠를 영원히 반복할까?

숲이 오랜 시간 서서히 진화해온 것처럼, 긴 시간을 통해 보면 우리 인간 사회도 숲의 마지막 단계처럼 안정되고 평화로운 시대가 올 거라고 믿는다.

다만 내 생전에 보지 못할 뿐 언젠가는 반드시. 🦋

남원 행정리 서어나무 숲

15

맛있는 그러나 매서운 망고나무

마다가스카르의 망고나무

처음 망고나무를 직접 접한 것은 2019년 가을, 바오밥나무를 촬영하러 간 아프리카 동쪽의 섬나라 마다가스카르에서였다.

당시 촬영 경비를 줄이기 위해 가이드와 함께 현지인들이 가는 식당에서 주로 식사했다. 식비는 적게 들었지만, 음식은 단순하고 양은 적었다. 매번 생선, 돼지고기, 닭고기 중 하나를 선택해야 했고, 쌀밥이 같이 나왔다. 다행인 것은 과일이 무척 저렴했다는 것이다. 바나나는 물론이고, 국내에서 흔히 볼 수 없는 망고가 지천으로 널려 있었다. 노점상을 만날 때마다 한 봉지씩 사서 이동하는 사륜구동차 안에서 수시로 깎아 먹었다.

망고는 아열대와 열대 지방에 자라며, 원산지는 인디아다. 현재 태평양 제도, 호주 열대지역, 서인도제도, 중남미, 아프리카 지역에서 재배된다. 망고는 바나나와 함께 열대 과일 중 엄청난 생산량을 자랑하는데, 그 이유는 재배하는 곳도 많지만, 나무 한 그루당 수확량이 엄청나기 때문이다. 수령이 많을수록 많은 망고 열매가 생산되는데, 100년 이상이면 5000~6000개가 생산되기도 하며, 최고 기록은 한 그루에서 2만9000개까지 열렸다고 한다.

망고 열매뿐만 아니라, 망고나무도 다양한 쓰임새가 있다. 인도의 벵골 지역에서는 망고 잎만을 먹인 소의 오줌으로 짙은 노란색 물감인 '인디언 옐로Indian Yellow'를 생산했다. 소에게 고통스럽게 많은 망고 잎을 먹였기 때문에 이런 관행은 20세기 초가 되어서야 금지되었다고 한다. 이 이야기를 읽고 갑자기 사향고양이가 만드는 '루악커피'가 생각났다. 망고나무 이파리는 항균 작용을 하는 성분이 있고, 관절염과 류머티즘에 도움이 된다고 한다. 항염, 항산화 외에도 당뇨병 등에 효과가 있어 약용으로 쓰인다.

단단한 목질에 방수성이 있고, 틀어짐이 적어 목재로도 인기가 많다고 하니 망고야말로 두루 쓰임이 많은 나무다.

바오밥나무를 찾아 이동한 며칠 후, 왼팔에 가려운 증상과 두드러기가 나기 시작했고, 곧 배에도 번졌다. 위생이 좋지 않은 현지 식당에서 상한 돼지고기를 잘못 먹어 식중독이 생겼다고 생각한 나는 생선과 밥만을 먹으며 모자란 비타민을 보충하기 위해 망고를 열심히 먹었다. 하지만 두드러기는 더 번졌고, 곧 물집으로 변했다. 낮에는 이동하느라 잠시 고통을 잊을 수 있었으나 야간 촬영을 마치고 잠자리에 들 시간이 되면 고통이 무척 심했다. 아침이 되면 침대 시트가 터진 물집으로 붉게 물들었다. 나중에는 얼굴을

[맛있는 그러나 매서운 망고나무]

큰 나무일수록 많은 망고가 열린다.

제외한 온몸에 물집이 생기기 시작했다.

며칠이 지나도 호전되지 않는 증상을 보며 의아했다. '왜 왼쪽 팔에서 물집이 시작되었고, 차츰 온몸으로 번져갔을까? 식중독이라면 몸에서 먼저 생기지 않았을까?' 인터넷이 연결되는 작은 도시의 숙소에 도착하자마자 웹을 검색했다. 혹시 망고 알레르기?

몇 페이지에 걸쳐 망고 알레르기에 대한 많은 검색 결과가 표시되었다. 망고나무는 '옻나무과 *Anacardiaceae*'였다. 왼손으로 망고를, 오른손으로 칼을 잡고 망고를 깎아 먹을 때 망고즙이 왼손에 자주 흘렀던 원인이 아닐지 생각했던 것이 확신으로 변하는 순간이었다. 학교처럼 생긴, 하지만 의사 한 사람에 간호사 한 사람이 근무하는 보건소에 갔을 때, 그곳 의사도 망고 알

피지 북섬의 커다란 망고나무

레르기라고 진단했고, 먹는 약과 바르는 약을 처방해주었다. 증상이 조금 완화되었으나 가려움은 여전했다. 결국 한국에 돌아와 주사 맞고 약을 먹은 지 하루 만에 가려움이 사라졌고, 일주일 만에 물집이 사라졌으며, 한 달이 지나자 물집 자리에 생겼던 검은 얼룩마저 사라졌다. '우리나라 의료 만세!'를 외쳤다. 옻나무에 옻이 오르는 사람은 망고 섭취를, 특히 망고 씨 근처에 있는 과즙을 주의해야 하고, 아예 먹지 않는 것이 좋다. 난 그나마 다행히 피부 접촉성 알레르기였다.

마다가스카르의 바오밥나무가 그리 신비하고 아름답게, 마치 천상의 나무처럼 느껴진 것은, 어쩌면 지옥 같은 망고 알레르기 때문이 아니었을까. 바오밥나무를 보는 순간에 나는 망고나무 알레르기가 주는 고통마저 잠시 잊을 수 있었다.

한국에 돌아와 창의문 근처 한옥 갤러리에서 바오밥나무 순회 전시를 할

[맛있는 그러나 매서운 망고나무]

때였다. 관람하러 오신 컬렉터 한 분이 생과일주스를 한 잔 사주셨다. 한 모금 마시고 나자, 입술이 간질거리며 부르트는 듯한 이상 감각을 느꼈다. 역시나 망고 주스였다. 마다가스카르에서도 입안에 넣는 것은 괜찮았는데, 한 번 된통 당한 몸이 이제는 더욱 예민하게 반응하는 것일 터다. 화장실로 달려가 부어오른 입술을 비눗물로 닦아내는데, 마다가스카르에서의 악몽이 생생하게 떠올랐다.

그리고 4년 뒤, 맹그로브를 촬영하러 피지에 갔을 때 다시 많은 망고나무를 보았다. 나무의 자태는 무척 아름다웠고, 그중 몇 그루는 전시용으로 촬영하기도 했으나 결코 가까이 가지 않았다.

어떤 것들은 멀리서 바라보아야 아름답다.

내겐 망고나무가 그렇다.

남태평양 노을진 바다를 배경으로 서 있는 망고나무

참성단 소사나무

참성단 소사나무

참성단.

전국체전이 열릴 때마다 태양열을 이용해 성화에 불을 붙이는 곳. 언젠가 가보리라 다짐했었다. 나무 사진가가 되어 나무를 찾아 전국을 다닐 때 강화도에 몇 번 갔지만 참성단에 오르지는 못했다.

청명하던 2017년 가을, 마침내 참성단에 올랐을 때 제일 먼저 눈에 들어온 것은 제단도, 제단을 지탱하는 돌벽도 아니었다. 제단 옆에 멋지게 서 있는 소사나무 한 그루였다. 기록에 따르면 수령 150여 년 정도로 추정되는 나무였지만, 왠지 나에겐 단군 시대 때부터 있었던 나무처럼 느껴졌다.

　마니산 제일 높은 곳에 참성단이 있고 그 단 바로 옆에 소사나무 한 그루가 힘차게 서 있었다. 그 나무가 없는 참성단은 어땠을까 상상을 해보았지만 이내 그만두었다. 상상하기도 싫었기 때문이다. 처음 참성단 돌 틈에서 가녀린 소사나무 줄기가 올라오고, 작은 이파리가 돋아났을 때 이를 잘 보호하고 가꾼 이가 있어 150여 년이 지난 지금 우리는 참성단을 상징하는 듯한 멋진 소사나무를 본다. 단군의 가호가 아닐 수 없다.

　소사나무는 자작나무과 서어나무속에 속하는 낙엽 활엽 소교목이다.
　중국, 일본, 우리나라 중부이남 섬이나 해안 지방에서 주로 자란다. 실제 우리나라 최대 규모의 소사나무 군락지는 인천 앞바다에 있는 영흥도 십리

마니산 참성단

[참성단 소사나무]

멀리 산봉우리 위에 참성단과 소사나무가 보인다.

포해수욕장 뒤편에 있다. 이곳 소사나무 350여 그루의 평균 수령은 150여 년이다. 자작나무과 서어나무속에 속하지만, 서어나무와 소사나무는 엄연히 다르다. 나무 모양만 봐도 아주 다르다.

150여 년 전에 영흥도 내리마을 주민들은 바람을 막고 바닷가 농지를 보호하기 위해 여러 나무를 심었다고 한다. 하지만 환경과 토양 탓에 번번이 실패했다. 결국 척박한 땅에서도 잘 자란다는 소사나무를 심어 오늘의 소사나무 군락을 이루었다. 2016년 '숲' 전시 사진 촬영을 위해 십리포해수욕장을 찾았을 때 본 소사나무의 모습을 아직 잊지 못한다. 구불구불하고 역동적인 나무줄기의 모습이 마치 수백 마리의 용이 솟아오르는 듯했다.

나중에 자료를 찾아보니, 이곳의 소사나무가 전국적으로 하나밖에 없는, 해변 괴수목怪樹木(기이한 나무) 지역으로 불리며 보호받고 있다고 한다. 역

영흥도 십리포해수욕장의 소사나무

설적으로 바로 이런 기이한 모습이 이 소사나무들을 지금까지 남아 있게 한 이유이기도 하다. 재질이 고르지 못하여 목재로 별 쓸모가 없었기 때문에 베이지 않고 살아남은 것이다. 하지만 이렇게 살아남아 겨울엔 방풍림 역할도 하고, 여름엔 시원한 쉼터를 제공하고 있다. 심지어 이 마을의 자랑거리다.

이 숲은 1997년 산림유전자원보호림으로 지정되었다.

나무의 지정학적 위치와 상징, 아름다움에서 우리나라 소사나무를 대표하는 강화 참성단 소사나무 역시 2009년에 천연기념물 502호로 지정되었다.

소사나무는 줄기에 잔가지가 많이 붙어 있고, 가지의 모양과 잎, 나무의 수형이 아름답고 맹아력이 좋아 분재 애호가들의 사랑을 받고 있다. 애호가라면 소사나무 분재 몇 점씩은 소장하는 것이 당연할 정도라고 한다. 내가 비록 '나무의 전족'이라 생각하여 분재를 좋아하지 않지만, 재질이 고르지 못한 기이한 모양 때문에 쓸모없던 나무가 바로 그 모습 때문에 사랑받고 있다는 것은 역설적이다. 남보다 좀 다르다고, 어떤 면에서 좀 뒤진다고 결코 절망할 일이 아니라고 소사나무는 이야기한다.

    태생은 중요하지 않을지도 모른다.

    중요한 것은 내가 지금 어디에서 무엇을 하느냐가 아닐까?

    참성단의 소사나무도, 십리포해수욕장의 소사나무도 각자의 위치에서 그 역할을 충분히 다하고 있다.

비처럼 음악처럼, 레인트리

라우토카의 레인트리 가로수

레인트리Rain Tree를 처음 본 것은 피지에서였다.

피지 제2의 도시 라우토카Lautoka를 가로지르는 사탕수수 운반용 협궤 철길 옆에 거대한 나무들이 줄지어 가로수로 심어져 있었다. 레인트리였다. 요즘 국내에 원목 테이블 등의 상판으로 많이 수입되고 있는 바로 그 나무다.

레인트리가 크게는 높이 60미터까지, 가슴높이의 지름이 4~5미터까지 자라는 나무라고는 하지만, 라우토카의 레인트리가 특히 거대하게 보인 이

레인트리는 사바나 지역에서 잘 서식한다

유는 주변에 그리 큰 나무가 없어서였다. 이 나무는 주로 피지의 서쪽 지역에서 자라는데 피지의 동쪽이 열대 우림 지역인 것과 달리 피지의 서쪽은 건조하고 초원이 많은 사바나 지역이기 때문이다. 피지의 사바나 지역에서도 많이 보이지만, 이 나무의 원산지는 볼리비아나 브라질, 과테말라와 페루 등 남미 지역이다. 피지와 함께 호주, 뉴질랜드 등 동남아시아에 넓게 분포되어 있다.

레인트리라 불린 유래는 몇 가지가 있다고 한다.
첫 번째는 이 나무는 콩처럼 뿌리혹박테리아에 의해 질소 고정 효과가

[비처럼 음악처럼, 레인트리]

있고, 반낙엽성 교목으로 주변 토양을 비옥하게 만들어 이 나무 아래에서는 풀들이 번성한다. 그래서 마치 나무에서 계속 비가 내리듯이 식물들을 잘 자라게 하기 때문이라는 설, 그리고 또 하나는 이 나무의 수관이 넓어 마치 우산처럼 사람들이 비를 피할 수 있게 해주기 때문이라고 한다. 비 올 때는 꼭 생각하게 되는 나무라서 레인트리라면, 바람 불 때 소리가 멋진 대나무는 '윈드트리'라고 부르면 어떨까.

이 나무는 또 몽키포드monkeypod라고도 불린다. 나무의 열매가 콩 꼬투리처럼 열리는데, 단백질 함량이 높은 이 열매를 원숭이가 좋아해서 그렇게 불렸을 것으로 추측된다.

레인트리는 그 이름처럼 가치가 큰 나무다. 살아서는 습도를 유지하여 커피나 차, 바닐라 등을 재배하기 위한 녹음수로, 뿌리는 질소를 고정하여 높은 영양성분으로 토지를 개선한다. 죽어서는 아름다운 나뭇결 덕분에 목

라우토카 골프 클럽의 레인트리

재로, 단백질 함량이 높은 열매는 음료나 동물의 사료로 쓰인다. 그 밖에 수지 Gum, Resin와 의약품 생산에도 사용된다.

맹그로브 촬영을 위해 라우토카에 묵으며 마침 숙소 근처에 있던 골프 클럽에 몇 번 갔다. 골프를 치기 위해서가 아니라 골프장에 커다랗게 자라고 있는 레인트리를 보기 위해서였다. 멀리 저녁노을에 붉게 물든 남태평양 바다가 보이는, 섬나라 피지의 작은 도시 그 한적한 골프장 잔디 언덕에 우뚝 서 있는 레인트리는 더욱 크고 아름다웠다. 시간이 지나 보름달이 떠올랐을 때 본 레인트리는 상상 속 완벽한 나무의 모습에 가까워 보였다.

피지의 초원 여러 곳에서 레인트리를 촬영했다. 한번은 피지 큰 섬인 비티 레부 Viti Levu 북쪽 '양가라' 목장에서 해 질 녘에 레인트리를 촬영했다. 피지의 목장은 따로 우사가 없이 소들이 들판에서 자유로이 살아간다. 목장 관리인 말이 "이쪽 레인트리는 소들이 얌전하여 촬영해도 되는데, 저쪽 울타리 너머는 소들이 난폭하니 가지 말라"고 한다. 속으로 '소들이 난폭하면 얼마나 난폭하다고 저럴까' 가벼이 생각하며 두 번째 나무를 촬영하기 위해 울타리를 넘어 저 멀리, 어둠 속에 서 있는 나무를 향해 한참을 걸어가는데 나무 아래서 노숙하던 소들의 숨소리가 거칠어지기 시작했다. 놀라게 하지 않기 위해 최대한 낮은 목소리로 우리의 존재를 알리며 다가갔으나 모든 소가 일어섰고, 그중에 한 마리가 거친 울음소리를 냈다. 사태가 심상치 않았다. 옆에 있던 현지인 조수를 보니 긴장한 얼굴이다. "어쩔까?" 물으니 "돌아갈까요?"라고 한다. 아쉽게 촬영하지 못한, 옆으로 길게 누웠던 그 나무는 무척 멋졌다. 지금까지 잊히지 않는다. 촬영을 못했기에 더 그럴 것이다.

그렇게 여러 번 레인트리를 촬영하면서, 한 번쯤은 그 이름처럼 비 오는 날 레인트리 아래서 좋아하는 빗소리를 음악처럼 듣고 싶었으나 내가 피지

목장의 소들이 레인트리 그늘에서 쉬고 있다.

에 간 계절은 겨울, 하필 건기였다.

피지의 나무들을 촬영하기 위해 피지의 두 섬을 안 바퀴 돌았고, 촬영을 마치고 한국으로 출발하기 위해 라우토카를 떠나며 차창 밖으로 아름드리 레인트리 가로수들을 보았다. 비록 지금 피지가 정치적으로 불안하고 경제 수준이 낮다고 하지만, 이 나무들만은 꼭 보존하길 바랐다. 이 레인트리 가로수가 없는 라우토카를 나는 상상할 수도 없다.

만약 지금 이 나무들마저 없었다면 라우토카는 변변한 나무 하나 없는 가난한 도시일 뿐이고, 경제가 나아진 미래에 이 나무들이 없다면 조금 윤택한 볼품없는 도시일 뿐일 테니까.

18

후박엿 후박나무

통영 추도 후박나무

　후박나무는 앞에 소개한 남해 창선도의 천연기념물 왕후박나무와 비슷하나 잎이 좀 좁다. 역시 따스한 남부 지방의 산기슭이나 울릉도에서 자라는 상록활엽교목이다.

　어릴 때 동네 골목에서 엿장수들이 외치는 '울릉도 호박엿'을 한 번쯤 들어보았을 것이다. 이것은 '엿단쇠소리'에서 '울릉도 호박엿'이라는 구절이 나오는데 이는 울릉도를 대표하는 엿이었다. 어린 마음에 울릉도에는 호박이 많이 자라는구나 생각하곤 했다. 후박나무를 알기 전까지는.

통영 벼락당 후박나무

예로부터 후박나무가 많이 자생하던 울릉도에서는 후박나무의 액과 열매로 엿을 만들었다고 하는데, 그런 엿을 후박나무의 엿이라 하여 '후박엿'으로 불렀다. 이 후박엿이 육지에 알려지고 유명해지는 과정에서 발음 혼동으로 인하여 '호박엿'으로 알려지게 되었다. 그러던 것이 이제는 오히려 후박나무를 보호하기 위하여 울릉도에서도 후박나무의 재료가 아닌 바뀐 이름 그대로 호박이나 감자로 호박엿을 만든다.

후박엿이 유명해지며 호박엿으로 바뀌었고, 재료도 후박나무에서 호박으로 그리고 감자로 바뀌었다고 하니 그 변화가 참으로 흥미롭다. 하지만 바뀌는 것이 어디 이름뿐이랴. 우리나라 성씨인 박朴이 바로 후박나무 박이다. 그런데 중국에서 후박厚朴은 중국 목련을 가리킨다고 한다. 중국에서 후박나무 *Machilus thunbergii*는 '후박'이라고 부르지 않고 '홍남紅楠'이라고 부른다고 하니 우리나라가 원산지인 후박의 이름은 참으로 기구한 운명이 아닐 수

[후박엿 후박나무]

없다. 하지만 호칭은 호칭일 뿐, 후박나무의 반짝이고 윤기 나는 이파리를 보노라면 귀티 나는 아름다운 모습에 나도 모르게 한 번 더 바라보게 된다.

후박나무는 높이가 무려 20미터 가까이 자란다. 우리나라 따스한 남쪽 지방에서 자라지만, 이상기온으로 강추위가 오면 많은 나무가 대량으로 동사하기도 한다. '섬 나무 시리즈'를 촬영하며 통영의 추도와 우도, 진도의 관매도, 남해 창선도 등 여러 곳의 다양한 후박나무를 보았지만, 내게 가장 신비롭고 경이로운 후박나무는 제주도 '체오름'의 후박나무였다.

체오름은 사유지라서 오름 주인을 잘 아는 지인의 소개로 체오름에 올라 그 후박나무를 볼 수 있었다. 이정표도 없어 몇 번이나 길을 잘못 들었다가 마침내 어렵게 마주한 후박나무는 장관이었다. 분화구 가운데 현실이 아닌 것처럼 거대한 후박나무가 있었다. 분화구 주변, 즉 오름의 가장자리는 병

체오름 후박나무에 노래를 헌정하는 가수 손병휘

풍이 빙 둘러쳐진 것 같았고, 그 가운데 마치 여왕처럼 한 그루의 후박나무가 존재했다. 정신없이 몇 시간 동안 나무를 사진에 담았다. 같이 간 가수 손병휘는 그 감동을 고스란히 담아 기타 반주에 맞춰 노래 한 곡을 후박나무에 헌정하기도 했다.

저녁이 되어 홀로 다시 찾은 체오름의 후박나무는 낮과는 또 다른, 더 신비한 세상이었다. 나무 주변에 조명등을 설치하고 촬영하다 올려다본 밤하늘엔 별들이 가득했다. 높게 빙 둘러서 있는, 오름 가장자리 위에 보이는 작고 둥근 하늘은 외부와 격리된 완전히 다른 세계 같았다. 고요하다 못해 적막한 세계, 가끔 보이는 분화구 위를 지나가는 비행기의 불빛이 아니었다면 나는 현실에서 아주 멀리 벗어나 그 밤을 온통 지새웠을지도 모른다.

몇 년 후 우연히 한 사극 판타지 드라마에서 남녀 주인공들이 어릴 때 놀던 나무를 보았는데, 바로 체오름 후박나무였다. 그 후박나무는 현재가 아니라 과거 판타지 시대에 더 어울릴지도 모른다. 아주 긴 시간, 외부와 단절된 분화구 안에서 깊이 깊이 침잠했을 후박나무를 생각했다. 체오름 후박나무는 지금까지 내가 본 가장 신비로운 곳의 나무였다.

이제 걱정이 앞선다. 드라마로, 또 입소문으로 이미 알려질 대로 알려졌겠지만, 혹시라도 이 글로 인해 더 몸살을 앓지나 않을까? 그러하지 않기를, 오랜 시간 후박나무의 고요함이 깨지지 않기를 기원한다.

한 가지 다행스러운 것은, 그곳은 무단침입하면 안 되는 사유지라는 것이다.

후박나무여 영원하길! ✿

체오름 후박나무

분계해변 여인송

 인체를 닮은 나무는 가끔 있지만 콕 집어 여인을 닮았다고 해서 '여인송'이라고 이름 붙여진 소나무가 신안 자은도 분계해변에 있다. 나무는 거꾸로 서 있는 여인의 하반신 모양을 쏙 빼닮았다. 2022년 봄, 신안신목 촬영 중에 신안군에서 받은 노거수 자료를 찾아다니다 분계해변에서 이 나무를 보았는데 나무를 보고서야 기억이 났다. 사단법인 섬연구소 소장인 강제윤 시인의 포스팅에서 본 나무였다. 실제로 보니 그런 이름이 붙여질 만하다. 이 신기하고 아름다운 소나무에는 슬픈 이야기가 전해 내려온다.
 옛날, 이 마을에 고기잡이하며 가난하게 살아가는 어부 부부가 있었다. 가난했지만 금슬이 좋아 행복하게 살던 부부가 어느 날 작은 말다툼을 했고, 남편은 홧김에 배를 타고 고기잡이를 갔다. 화나면 나가버리는 남성들의 속성은 예나 지금이나 여전하다.
 여러 날이 지나도 남편이 돌아오지 않자, 풍랑이라도 만났을까 걱정이 된 아내는 부부싸움 한 것을 후회하며 분계해변 소나무 언덕에 올라 남편의 무사 귀환을 기원했다. 기다리다 지친 아내는 어느 날 분계해변 소나무에 올라 물구나무를 서서 바다를 바라보았다. 그때 남편의 배가 돌아오는 꿈을 꾸었다.
 그다음 날부터 아내는 해변이 내려다보이는 언덕의 가장 큰 소나무에 올라 거꾸로 매달려 남편의 배가 귀항하기를 기다렸다. 어느 추운 겨울날, 아내는 소나무에 올라 남편을 기다리다 결국 나무에서 떨어졌고 그대로 얼어

여인송

죽고 말았다. 그런데 정말로 얼마 지나 그토록 기다리던 남편이 무사히 돌아왔다. 아내의 죽음을 본 남편은 슬퍼하며 시신을 그 소나무 아래 묻어주었다. 그러자 소나무가 거꾸로 선 여인의 모습으로 변했다고 한다.

분계해변의 소나무인 곰솔 Pinus thunbergii 은 해송海松, 흑송黑松, 검솔, 숫솔, 완솔이라고도 하는데, 줄기와 가지가 검은빛을 띠는 소나무속의 한 종이다. 해풍에 강해 바닷가에서도 잘 자라고 목질이 굳세다. 일본과 한반도 중부이남 해변이나 해안 산지에서 주로 자라는 늘 푸른 바늘잎 큰키나무다. 곰솔이라는 말은 '검은 소나무'에서 유래되었다고 한다. '곰'이라는 말의 원형이 '거머'인데 거머는 곰이 검은색을 띠는 동물이라는 데서 그리 불렸다고 한다. 즉, 거머가 곰으로 변했지만, 거머는 본래 '검다'는 말이니 곰솔이란 말은 '검은 솔'의 변형이라고 추정한다.

분계해변의 우람한 곰솔 밑동들

여인송 전설을 바탕으로 또 다른 이야기가 만들어졌다. 바로 부부나 연인이 이 여인송을 두 팔로 감싸 안으면 오래오래 행복하게 산다는 이야기다. 못다 이룬 전설 속 주인공들의 염원이 대신 다른 이들을 행복하게 해준다는 의미일 것이다. 이처럼 슬픔을 기쁨으로, 절망을 희망으로 바꾸려는 심리는 인간 사회 어디서나 작동한다. 심지어 기억의 왜곡, 기억의 미화가 가능한 것이 사람 아니던가.

분계해변 오솔길

해변과 곰솔이 어우러진 아름다운 분계해변에서 촬영이 끝나갈 즈음 우연히도 이 여인송을 포스팅한 적이 있는 섬연구소 강제윤 소장을 만났다. 일행들과 신안의 섬 답사를 하는 중이었다. 각자 일정이 있어 술 한잔 함께하지 못했지만, 다시 여인송을 보게 되면 생각날 작은 사건이긴 하다.

[분계해변 여인송]

촬영이든 답사든 기본적으로 떠나고 만나는 것이 예정된 행위다. 우리의 삶도 별반 다르지 않다.

여인송의 부부가 일찍 헤어졌든 좀 더 오래 같이 살았든, 오랜 시간이 지나면 결국은 헤어짐이 예정되어 있었던 것처럼 그렇게.

헤어짐을 염두에 둔다면 우리는 주변의 모든 것을 조금은 더 사랑하게 될까?

그럴지도 모르지만, 그렇다면 참 슬픈 일일 것 같다.

결혼에 성공한 준경묘 미인송

멀리 준경묘가 보인다

2021년 2월, 준경묘 소나무 사진을 소장하고 싶다는 지인의 의뢰를 받아 강원도 삼척 준경묘 주변에 있는 금강송을 찾았다. 금강송은 황장목, 춘양목, 미인송 등으로 불리며 소나무 중에서 가장 아름다운 소나무로 꼽는다. 목재의 가치도 최고로 평가받는다. 이 금강송이 자생하는 여러 숲 중에서도 최고로 꼽히는 곳이 바로 강원도 삼척의 준경묘 금강송 숲이다. 아름드리 금강송 숲 한복판에 준경묘가 있다.

소나무는 다른 곳의 소나무와 달리 껍질이 두껍지 않고 얇으며 색도 약간 붉은색을 띤다. 모두 크고 곧고 매끈하여 다른 곳의 소나무들과 확연히 다르다. 키가 약 20~30미터에 달할 정도로 크다. 그 때문에 이곳의 금강송은 궁궐의 공사에 주로 사용되었는데, 대원군 때 경복궁 중수, 1961년 숭례문 중수, 2008년 화재로 소실된 숭례문 복원 때에도 쓰였고, 최근 광화문 복원에도 사용되었다. 이 준경묘의 면적은 약 507만 제곱미터에 이르고 소나무만 34만여 그루가 자라고 있다고 한다.

두타산의 배꼽에 해당하는, 천하명당으로 알려진 이 준경묘에는 조선 왕조 탄생에 얽힌 전설이 있다. 전주에서 삼척 미로면으로 피신해 살던 이안사가 1년 만에 부친상을 당하게 된다. 아버지 이양무 장군의 묫자리를 찾아 산속을 헤매던 아들 이안사가 지금의 준경묘 근처에서 우연히 한 도승과 동자승의 말을 엿듣게 된다. 도승이 땅을 가리키며 "큰 땅이다, 길한 땅이다"라고 말하면서 동자승에게 "소 100마리를 잡아 제사하고 금으로 만든 관으로 장사를 지낸다면 5대 안에 왕자가 출생할 자리"라고 말하며 절대 발설하지 말라고 이른 뒤 길을 떠났다.

그 이야기를 숨어 들은 이안사는 그 자리에 아버지를 묻기로 마음먹지만, 집안 형편에 소 100마리와 금으로 된 관은 마련할 수 없었다. 궁여지책으로 소 100마리를 흰 소 한 마리로 대신했다. '일백 백百' 자와 발음이 같은 '흰 백白'의 흰 소, 즉 백우白牛 한 마리를 쓴 것이다. 금관은 색이 금과 비슷한 누런색의 귀리 짚으로 엮어 만들었다.

이렇게 명당자리에 쓰게 된 묘가 이양무, 즉 조선 태조 5대조의 묘이고 지금의 준경묘다. 결국 도승의 예언대로 묘를 쓴 지 5대가 지나 이성계가 조

{결혼에 성공한 준경묘 미인송}

곧게 뻗은 금강송들

선을 개국한 것이다. 풍수지리를 모르는 내가 보기에도 준경묘 자리는 명당으로 보였다. 무엇보다 나무를 좋아하는 내게 준경묘 주변의 울창한 금강송 숲은 이곳이 명당임을 확신하게 한다. 어쩌면 지형이 아니라 나무가 명당을 만드는 것은 아닐까.

준경묘 미인송

금강송 중에서도 당연히 최고로 평가받고 있는 이곳의 소나무 가운데 가장 아름다운 나무로 뽑힌 금강송이 준경묘 입구 오른쪽 산비탈에 있다. 바로 우리나라의 대표 소나무로 꼽히는 보은의 정이품송과 혼례를 올린 '미인송'이다. 2001년, 우리나라를 대표하는 소나무의 혈통 보존을 위해 산림청

[결혼에 성공한 준경묘 미인송]

장이 주례를 하고 삼척군수와 보은군수가 각각 혼주를 맡아 결혼식을 올린 것이다. 삼척과 보은의 남·녀 초등생을 신랑·신부 대역으로 혼례를 마친 후 보은 정이품송 꽃가루를 삼척 준경묘에 있는 30여 미터 높이의 미인송에 올라가 암술에 발랐다. 주변 소나무의 꽃가루가 침입하지 못하게 비닐까지 씌웠다. 교접에 성공한 미인송 솔씨는 그 후 200여 그루의 소나무 묘목 생산에 성공했다고 한다.

이쯤 되면 더 이상 나무가 아니라 사람이다.

그렇게 나무는 느린 인간이 되고, 인간은 빠른 나무가 될지도 모르겠다.

미인송으로부터 생겨난 200여 그루의 아름다운 금강송이 전국에 널리 퍼지길, 그래서 그 나무를 보는 사람들의 마음조차 아름다워지기를 기원한다.

준경묘 오른쪽 오래된
금강송

시민의 숲 플라타너스

서울 서초 매헌시민의숲엔 멋진 나무가 많다.

매헌시민의숲은 인위적으로 조성하지 않은 듯한 자연스러움에서, 나무의 크기에서 서울숲을 압도한다. 근래 '양재시민의숲'에서 이름이 바뀐 '매헌시민의숲'은 우리나라 최초로 '숲' 개념을 도입한 공원이기 때문이다.

시민의 숲은 1986년의 서울 아시안게임, 1988년 서울 올림픽 개최를 기념하여 양재 나들목 주변에 조성한 공원이다. 아시안게임이 폐막하자마자 1986년 11월 말에 양재시민의숲이란 명칭으로 완공되었다. 공원이 조성된 지 40년 가까이 되어 이제는 나무들이 제법 울창하다. 정말 아름다운 숲에 들어선 느낌이다.

이곳에는 소나무, 느티나무, 당단풍, 칠엽수, 잣나무, 모과 등 43종류, 약 9만4000그루나 되는 나무들이 자생하는데, 그중에 '버즘나무'라고 불리는 커다란 플라타너스가 많다. 플라타너스platanus라는 이름은 그리스어의 'platys'에서 유래했는데 '넓다'는 의미다. 실제 나뭇잎이 어른 손바닥 크기로 넓다. 페르시아가 원산지라고 하며 그리스 시대에 유럽에 널리 퍼졌다. 그 유명한 '트로이 목마'도 이 나무로 만들었다는 말이 전해질 만큼 그리스와 유럽에서 널리 심은 나무다. 나폴레옹은 그의 병사들이 그늘에서 쉴 수 있도록 플라타너스를 많이 심었다고 하니, 플라타너스 보급의 일등 공신이 아닐 수 없다. 파리 샹젤리제의 가로수인 '깍두기' 플라타너스는 유명하다(도시 미관을 위해 네모나게 전지한 것이겠지만 사실 가슴이 아프다).

시민의 숲 플라타너스, 2015년 11월

시민의 숲 플라타너스. 2014년 1월

유난히 플라타너스가 많은 시민의 숲을 자주 찾은 것은 2009년에 스튜디오를 양재 천변으로 이전한 후부터였다. 사실 이곳으로 이전한 이유가 바로 시민의 숲과 양재천이 있기 때문이기도 했다. 예전 내 스튜디오가 있던 이탈리아 밀라노의 나빌리오Naviglio 지역은 양재천처럼 천은 아니지만 물이 흐르던 운하가 있는 곳이었다. 한국에 돌아온 후 양재동으로 스튜디오를 옮긴 것이 그 기억 때문인지도 모르겠다. 나는 촬영이 없는 날이나 생각이 복잡할 때마다 수시로 양재천과 시민의 숲을 찾았다. 시민의 숲은 날마다, 계절마다 경이로운 변신을 했다. 봄 벚꽃의 아름다움, 한여름의 싱그러움, 가을의 단풍, 겨울의 폭설까지 어느 하나 예사로운 것이 없었다. 그것은 내게 큰 휴식과 위안을 주었다. 그곳은 또 다른 나의 집이었다.

그런 내가 '숲' 시리즈 전시를 준비하며 양재천의 나무들을 염두에 둔 것은 자연스러운 일이었다.

내가 개설한 사진 강좌를 수강하던 이들과 함께 2013년 1월 추운 겨울밤에 시민의 숲을 찾았다. 두 그루의 플라타너스가 마주 선 곳에서, 각자 하나씩 조명을 들려주고 내 신호에 따라 나무에 조명을 비추게 했다. 그렇게 만들어진 사진이 '숲_플라타너스_양재'다.

그 촬영 이후로 시민의 숲에 갈 때마다 나는 예외 없이 그 두 그루의 플라타너스를 찾았다. 술을 한잔 마신 날이면 소리 내어 인사를 건네기도 했다. "왔어요!" "잘 지내죠?" 나의 인사에 플라타너스들은 바람이 불 때만 가벼이 이파리를 흔들어주는 게 다였지만, 그것으로 충분했다. 그들의 존재가 내겐 가장 큰 기쁨이었으니까.

그렇게 몇 년이 지난 어느 날, 다시 플라타너스를 찾았을 때 나는 내 눈을 의심하고 말았다. 두 그루 중에 한 그루밖에 없었기 때문이다. 잠시 후 정신을 차리고 사라진 나무가 있던 자리를 보니 베어진 나무 밑동만 거기에 남아 있었다. 분노가 일었다. 시간이 지나자, 분노는 남아 있는 나무에 대한 연민으로 바뀌었다. 가장 가까운 동료를 지켜주지 못한 인간으로서의 미안함이 섞인 그런 연민.

1년, 2년 시간이 흐를수록 잘려진 나무 밑동은 점차 스러져갔다.

사진으로 무언가를 촬영한다는 것은 무한 책임을 지는 일이기도 하다. 그것이 사람이든 동물이든 또는 식물이든. 내가 촬영한 나무의 죽음을 본다는 것은 마치 한 때 인연을 맺었으나 이제는 세상을 떠난 사람의 이름을 주소록에서 보는 것과 같았다.

매헌시민의숲엔 윤봉길 의사 기념관을 비롯하여 백마부대 충혼탑, 대한항공 858편 위령탑, 삼풍백화점 희생자 위령탑, 우면산 산사태 희생자 추모비가 있다. 많은 추모의 뜻이 모인 이곳에 내가 사랑한 플라타너스 추모비 하나 마음속에 세운다.

부디 슬퍼 마시라.

누군가는 이렇게 당신을 기억하고 있으니.

이제 한 그루만 남은 시민의 숲 플라타너스. 2023년 6월

과거와 현재가 공존하는 가림성 느티나무

언덕에 오르자, 앞이 탁 트이며 멋진 파노라마가 펼쳐졌다.
1500여 년 전 만들어진 백제의 가림성에 온 것이다.

부여 가림성은 백제의 수도였던 웅진성과 사비성을 지키기 위해 백제 동성왕 23년(501)에 금강 하류에 쌓은 석성石城이다. 위사좌평 백가가 쌓았는데, 동성왕이 성을 쌓게 하고도 계속해서 성에 주둔하라고 한 것에 원한을 품고 반란을 일으켜 동성왕을 살해했다고 한다. 위사좌평은 국왕의 경호대장에 해당하는 직급이라고 하는데, 역사는 반복되는 듯하니 참 아이러니한 일이 아닐 수 없다. 아무튼 이 성이 백제의 수도를 지키는 데 그만큼 중요한 요충지라는 사실을 미루어 알 수 있다.

『삼국사기』와 『삼국유사』에 따르면 동성왕을 시해한 위사좌평 백가를 동성왕의 둘째 아들 무령왕이 왕위에 올라 난을 평정하고 죽였다고 전한다. 성안에는 남·서·북문터와 군창터, 돌로 쌓았던 보루와 우물터가 남아 있다. 산성 정상에 서면 강경읍을 비롯한 금강 하류 일대가 한눈에 내려다보인다.

그리고 거기에 수령이 약 400년 된 커다란 느티나무 한 그루가 산 아래를 굽어보며 서 있다.

이 느티나무는 그 자태와 지리적인 이점으로 수많은 영화와 드라마에 출연하며 이곳 가림성을 널리 알리고 있다. 드라마 「서동요」를 시작으로 「바

초가을 가림성 느티나무

성벽 입구에 자리잡은 가림성 느티나무

람의 화원」「대왕세종」「천추태후」「신의」「육룡이 나르샤」「호텔 델루나」「환혼」 등 이루 헤아릴 수 없다. 가끔 영화나 드라마를 보다 이 느티나무가 나오면 '아, 저기!' 하며 반가움에 졸리던 눈이 번쩍 뜨이기도 했다.

2013년, '푸른나무' 첫 번째 시리즈에서 전시할 나무를 촬영하기 위해 이 곳을 찾았을 때부터 난 곧바로 이 장소와 이 나무의 팬이 되었다. 최소한의 관리, 최대한의 자연 상태를 유지하고 있는 곳, 누구나 성에 올라 나무에 기대어 저녁노을을 보며 잠시 쉬어 갈 수 있는 곳, 그리고 눈앞에 장엄하게 펼쳐지는 파노라마!

이제는 망해버린, 하지만 생생하게 백제 왕국의 숨결이 남아 있는 성에 오르면 거의 풀밭에 가까운 넓은 잔디밭이 있고 입구 계단 오른쪽 언덕 위에 이 커다란 느티나무가 있다. 나무의 추정 나이로 보아, 성이 만들어지고 약 천 년이 지났을 무렵 심었을 터다.

[과거와 현재가 공존하는 가림성 느티나무]

처음 이 나무를 촬영한 뒤로 이 근처를 지날 때마다 가림성을 찾는다. 어느 계절엔 입구에 산딸기가 가득했고, 어느 봄에는 멋진 석양을 보여주었다. 바람이 심하게 불던 날은 차라리 금강을 내려다보며 잠들고 싶었다.

한때 백제 부흥 운동군의 거점이기도 했던 성. 하지만 성을 만든 동성왕도 위사좌평 백가도 이미 죽어버리고 심지어 백제마저 사라졌지만, 이제 누군가 심은 느티나무 한 그루 남아 우리 마음을 이 성에 심고 있었다.

너무나 빠른 인간의 삶을 적당히 느린 나무가 있어 지탱해주는지도 모르겠다.

그리고 나무에 미안하지만, 그 나무를 파괴하기도 하고 또 보살피기도 하는 것은 이제 우리 인간의 몫이 되었다.

이제는 유명해진 가림성 느티나무

밤의 가림성 느티나무

신주쿠 교엔 벚나무

신주쿠 교엔

'교엔'이란 '왕의 정원'이라는 뜻이다.

에도시대, 그러니까 1603년에 도쿠가와 이에야스가 군사 최고 권력자인 '쇼군'이 되어 에도(현재의 도쿄)에 '막부'라고 불리는 정권을 세운 그 시대에 시나노信濃국 다카토번高遠藩을 다스리던 나이토内藤 가문의 저택이 있었던 토지의 일부가 에도시대가 끝나고 1872년 메이지 시대에 농사시험장을 거쳐 황실 소유의 땅이 되었다.

그 땅이 1906년에 황실 식물원 담당이었던 후쿠바 하야토福羽逸人의 의뢰를 받은 앙리 마르탱 교수에 의해 황실 정원으로 완공된다. 제2차 세계대전이 끝나고 후생성에서 관리하며 민간에 개방되었다가 1971년 새롭게 설립된 환경성 관할로 옮겨 운영 중이다.

한마디로 황실 정원이었다가 일반에게 공개된 정원이 되었다는 이야기다. 우리나라 창경궁이 한때 창경원으로 바뀌며 국민 누구나 출입이 가능한 시민공원이 된 것과 같다.(오묘하게도 100년이 넘은 건물인 창경궁 안의 대온실도 1908~1909년 후쿠바 하야토가 설계하고 프랑스 회사에서 시공했다.)

이 교엔을 처음 본 것은 도쿄로 촬영을 간 2009년 봄이었다. 교엔에는 일본식 정원과 함께 잔디밭이 넓게 펼쳐진 영국식 정원, 기하학적이며 대칭의 특징이 잘 드러난 프랑스식 정원이 함께 있다. 하지만 공원에 가서 무엇보다 놀라웠던 것은 넓은 잔디밭에 자리 잡은 아름드리 벚나무였다. 수십 명

신주쿠 교엔의 벚나무

[신주쿠 교엔 벚나무]

이 앉아도 될 만한 넓은 그늘을 만들어주는 벚나무들이 즐비했다. 사람들이 그 그늘에 앉아 따스한 봄을 만끽하고 있었다. 재잘거리며 지나가는 봄 소풍 온 아이들과 어울린 그 장면은 '평화' 그 자체를 상징하는 듯했다.

교엔에 오기 며칠 전, 온천 휴양지로 유명한 하코네에 갔었다. 일본에 도착하는 날 만난 일본 지인 야마다 히로키 씨의 추천이 있었다. 로프웨이를 타고 오르자 아시호가 보였다. 뭐 눈엔 뭐만 보인다고 호수 주변엔 큰 나무들이 많았다. 야마다 씨와 호숫가를 걸었다.

"일본엔 큰 나무가 많네요. 한국엔 이렇게 많지 않은데."

참고로 야마다 씨는 독학으로 한국말을 하신다.

잠시 침묵하던 야마다 씨가 나지막이 답했다.

"일본의 한국 침략으로 결국 한국이 남과 북으로 분단되었고, 이로 인해 남북전쟁이 일어나 한국의 나무들이 모두 불타 민둥산이 되었습니다. 미안합니다."

갑자기 나온 사과에 어찌 말해야 할지 망설이다 이렇게 말했다.

"이미 지나간 일입니다."

잠시 침묵이 흘렀다.

참고로 당시 야마다 씨는 철도 기관사로 일본 JR에 근무하던 진보적인 일본인이다. 지난 10년 동안 매년 5월이 되면 노조원들을 이끌고 광주에 와서 5·18 문화제에 참석하고 국립5·18민주묘지에 참배하며 자매결연을 맺은 인천의 한 극단과 같이 평화를 주제로 공연을 한다. 한번은 왜 그러한 행사를 매년 하느냐고 물었다.

"한국의 민주화운동과 그 저항정신을 노조원들에게 일깨우기 위해서 하고 있습니다. 일본에는 그 정신이 모두 사라졌습니다."

신주쿠 교엔

실제 야마다 씨는 2017년 초 탄핵 촛불집회 시기에 광화문 블랙리스트 예술인 텐트촌에서 자는 게 소원이라며 한국을 방문했고, 추운 겨울 친구의 텐트에서 하룻밤을 보내기도 했다.

어떤 이념은 전쟁을 일으키기도 하고, 또 어떤 이념은 평화를 가져오기도 한다. 인간의 이념이 인간에게만 그 영향이 미치기를, 인간이 만든 이념에 의해 자연이, 나무가 사라지는 슬픈 일이 반복되지 않기를 바란다.

나무로 상징되는 자연은 이념 이전에 인간의 생명과 직결된 일이니까.

신주쿠 교엔의 오래된 나무들

24

가장 아름다운 반계리 은행나무

'30대 가는 중'

내비게이션에 '반계리 은행나무'를 치니 같은 곳을 가는 차량 대수가 뜬다. 가을, 은행잎이 단풍 들 때 종종 볼 수 있는 풍경이다.

반계리 은행나무는 수령이 800년에서 1000년으로 추정되며 높이 약 34미터, 둘레 16미터이며 사방으로 30미터 이상 고르게 퍼진 수형으로 웅장하고 화려하여 '수형이 가장 아름다운 은행나무'로 불린다. 1964년 천연기념물 167호로 지정되었다.

이 나무는 아주 오래전, 이 마을에 모여 살았던 성주 이씨 가문의 한 사람이 심었다고도 하고, 어떤 대사가 길을 가다가 목이 말라 물을 마신 후 가지고 있던 지팡이를 꽂아놓고 간 것이 크게 자란 것이라고도 한다.

또 마을 사람들은 이 나무 안에 커다란 흰 뱀이 살고 있어서, 아무도 손을 대지 않고 신성한 나무로 여겼다고 전한다. 실제 가지들이 갈라져 나간 나무 밑동을 보면 가운데 어른 몇 명이 족히 들어갈 공간이 있다. 뱀이 아니라 용도 살았다 해도 될 것 같은 넓은 공간이다.

가을에 이 나무에 단풍이 동시에 들면, 이듬해 풍년이 된다는 전설도 있는 반계리 은행나무다. 이처럼 전해져오는 이야기와 전설이 마을 사람들로 하여금 이 나무를 더욱 보살피게 했으리라.

2014년 어느 아름다운 가을날, 천 년을 살았다는 반계리 은행나무를 처음 보았다. 별이 가득한 밤에, 그리고 다음날 태양이 반짝이는 낮에 천 년을 한 자리에 살았을 나무를 보며 생각했다.

인간은 미지를 향해, 우주를 향해 한발 한발 나아간다. 과학기술을 발전시키고, 새로운 걸 만들고 또 부수며 그렇게 나아간다. 무언가를 향해 끊임없이 움직이는 것, 동물인 인간의 숙명인지도 모른다.

하지만 나무는 우주가 저에게 오기를 저렇게 기다리고 있구나. 어쩌면 이미 제 안에 이미 우주를 품고 있는지도 모르겠다. 한없이 높고 넓은 가지는 우주에 닿고, 강인한 뿌리는 땅속 깊숙이 내려 그 기운을 몸통으로 부단히 이어 나르는 존재가 바로 나무였구나.

어쩌면 우리도 나무처럼 이미 우주를, 모든 것을 우리 안에 품고 있었던 것은 아닐까. 분주한 움직임에 그리고 맹목적인 욕망에 휩쓸려 잠시 잊고 있는 것인지도 모른다. 그리고 긴 시간을 살아오면서 나무가 경험했을 수많은 변화와 고통 그리고 마음을 헤아렸다. 결코 알 수 없을 나무의 마음을.

문막을 지날 때마다 시간을 내어 반계리 은행나무를 본다. 이제는 너무 유명해져 단풍 들 때면 인산인해를 이루는 곳이 되었다. 원주시는 최근 계속 늘어나는 관광객에 발맞추어 반계리 은행나무 주변에 '은행나무 광장'을 조성한다고 발표했다. '개발' '조성'과 같은 단어를 들을 때마다 걱정이 앞선다. 짓지 말고, 깔지 말고, 설치하지 말고, 오로지 자연스러운 생태계에서 조화롭게 사는 나무를 오래 볼 수 있기를 바란다. 그렇게 많은 사람이 그곳을 찾는 이유는 편의시설이 좋아서가 아니다. 천 년의 시간을 살아온 경이로운 존재가 거기에 있기 때문이다.

인간에게 편의를 제공하더라도 정작 주인공인 나무에 해가 되는 일이라면 차라리 아예 하지 않기를 기원한다. 🌿

반계리 은행나무의 가을

겨울 반계리 은행나무

나무 밑동

화촉을 밝히는 자작나무

원대리 자작나무

차를 타고 여행하다 겨울 벌판에 하얗게 빛나는 나무를 본 기억이 있다. 눈보다 더 하얗게 빛나던 신비한 나무, 바로 자작나무였다.

하지만 자작나무를 떠올리면 나는 가장 먼저 러시아, 시베리아 그리고 영화 「닥터 지바고」가 떠오른다. 사실 줄거리보다 광활한 벌판에 서 있던 자작나무가 더 기억에 선명하다. 특히 주인공인 '라라'와 '유리 지바고'가 헤어질 때 환송하듯 창백하게, 하얗게 서 있던 자작나무들이. 꽤 어릴 적에 본 영화임에도 이렇게 선명한 걸 보면 어릴 때부터 나무를 좋아했던 것은 분명하다.

　이 외에도 「러브 오브 시베리아」와 같은 러시아 배경의 영화에서 자작나무는 자주 나온다. 누가 뭐래도 자작나무 종주국은 러시아라고 믿고 있다. 오로지 영화 때문이다.

　그 자작나무를 우리나라에서 볼 수 있는 곳이 몇 군데 있는데 바로 인제군 원대리다. 원대리 자작나무숲은 본래 소나무 숲이었다. 1974년부터 자작나무숲으로 조성되기 시작했고, 1989년 솔잎혹파리 피해가 극성부리자, 소나무를 베어내고 그해부터 1995년까지 138헥타르에 자작나무 69만여 그루를 심어 새로이 숲을 조성했다. 이 가운데 6헥타르의 자작나무숲 집중 생육 지역이 2012년 산림청에서 선정한 '대한민국 100대 명품 숲'으로 지정되기도 했다. 지금은 연간 40만 명 이상의 사람들이 찾는 관광 명소가 되었다.

　자작나무는 껍질에 기름 성분이 많아 불에 탈 때 '자작자작' 소리가 유난히 난다고 해서 자작나무로 이름 붙여졌다고 한다. 옛사람들은 기름이 많은 이 자작나무 껍질을 벗겨 촛불 대용으로 사용했다. 흔히 결혼식을 말할 때 '화촉을 밝히다'가 자작나무 화(樺)자다. '촉'은 초를 의미하니 '자작나무 초를 밝히다'란 말이다. 또한 하얀 껍질은 종이 대용으로 사용하기도 했다. 신라시대 고분인 천마총의 그림이 바로 자작나무 껍질로 만들어졌다. 1000여 년간의 오랜 세월에도 변하지 않은 이유가 껍질에 있는 많은 기름 성분 때문이라고 하니 훌륭한 종이의 역할도 했다. 목재도 단단하고 치밀해서 조각의 재료로 많이 쓰인다. 국보인 팔만대장경의 일부가 이 자작나무로 만들어져서 오랜 세월 벌레가 먹거나 뒤틀리지 않고 지금까지 남아 있다. 독특한 흰색이 주는 조경수로서의 가치뿐만 아니라, 예로부터 쓰임새가 많은 나무였다.

[화촉을 밝히는 자작나무]

원대리 자작나무숲

원대리 자작나무숲

    2005년 여름, 특별히 선발한 대학생 30여 명과 함께 KT에서 주최한 고구려 유적지를 답사하기 위해 중국에 갔을 때 우리의 영산인 백두산에 올랐다. 오르다보면 많이 보이는 것이 아름드리나 하얀 자작나무들이다. 남한에는 인공적으로 조성한 자작나무숲 이외에 자작나무 자연 군락지가 많지 않은데, 추운 지역에 사는 나무답게 우리나라 금강산 이북에 많이 분포되어 있다.

    2023년 겨울 폭설로 가지가 꺾이는 등 큰 피해를 본 원대리 자작나무숲이 다시 문을 열었다. 폭설 피해로 부러지거나 크게 휘었던 나무가 점차 바로 서고 있다고 한다. 1년도 안 되어 굳건하게 다시 바로 서는 원대리 자작나무처럼, 우리나라가 시련을 이기고 통일이 되는 날 북쪽 백두산의 자작나

[화촉을 밝히는 자작나무]

무를 다시 보고 싶다. 그때는 중국 땅이 아닌 우리 땅 백두산에서.

얼마나 기다리면 서울에서 대륙 횡단 기차를 타고 평양을 거쳐 백두산을 지나 시베리아 자작나무를 볼 수 있을까.

내 생전에 그날이 올 수는 있을까?

백두산 자작나무. 2005년 8월

살아 돌아온 화석 메타세쿼이아

　고생대의 은행나무와 소철, 중생대의 목련처럼 공룡이 살던 시대부터 살아온 오래된 나무가 있다. 바로 메타세쿼이아Metasequoia이다. 하지만, 이 나무는 처음에 우리나라 포항을 비롯해 화석을 통해서만 발견되었기에 현존하지는 않고 과거에 존재했던 나무로만 알려졌다가 1946년 중국 쓰촨성 양쯔강 상류 지방에서 '왕전'이라는 임업공무원에 의해 군락지가 발견되었다. 마침내 지구상에 존재한다는 것이 알려지게 된 것이다. 하지만 야생에 존재하는 개체수는 5000여 그루에 불과하다. 나머지는 모두 이 나무들에서 번식시킨 것들이다.

　메타세쿼이아는 높이 35미터, 직경 2.5미터까지 자라는 큰 나무로 군집성이 좋아 아름다운 숲을 이룬다. 그 때문에 우리나라에서는 환경수나 조경수로 많이 심게 되었다. 미국이 원산지인 낙우송과 매우 닮았으나 염색체 수가 다르다고 하며, 낙우송은 잎이 어긋나 있으나 메타세쿼이아는 마주나 있고 생장이 더 빠르다. 물을 좋아해 습지에서도 잘 자라고 비옥한 땅과 양지를 좋아한다. 종자나 꺾꽂이로 번식시킨다. 이렇게 근래에 재발견한 귀하고 멋진 나무를 볼 수 있는 곳이 우리나라에 있다. 바로 담양에 있는 '메타세쿼이아길'이다.

　1972년에 담양읍에서 순창 경계까지의 국도 24호선 약 8킬로미터 도로

서울 서초문화예술공원의 메타세쿼이아

담양 메타세쿼이아길

남이섬 메타세쿼이아길

에 처음 가로수로 식재됐으며, 이후 현재의 담양읍 학동 구간 메타세쿼이아 명소 길에 수령 40년생 470그루를 비롯해 국도 24호선에 2000여 그루, 담양읍으로 연결되는 국도 15호선 등 여러 도로구간을 합해 총 4700여 그루 메타세쿼이아가 가로수로 식재되어 있다. 하지만 지난 2000년 담양-순창 간 4차선 도로 확장 공사에 따른 벌목 위기와 함께 일부 나무의 훼손이 있었다. 이에 '담양가로수사랑군민연대'와 군민들의 메타세쿼이아 살리기 운동을 벌이면서 전국적으로 알려졌다. 결국 군민들의 요구가 받아들여져 확장 노선은 구도로를 남기고 우회하는 것으로 변경되었고 메타세쿼이아 가로수들은 살아남았다.

[살아 돌아온 화석 메타세쿼이아]

이후 이를 기념해 '담양가로수사랑군민연대'에서 해마다 여름 또는 가을에 주관하는 '가로수사랑음악회', 그리고 담양군·대나무축제추진위원회가 주최하는 '가로수길 전국마라톤대회'가 열린다. 한때 사라질 위기에 처했던 메타세쿼이아길이 이제는 명소로 바뀌어 전 국민의 사랑을 받으면서 담양의 대표적인 관광명소가 되었다.

담양 메타세쿼이아길은 2002년에 산림청과 '생명의 숲'이 주관한 「아름다운 숲 전국대회」 '거리숲' 부문 대상을 받았으며 2006년 건설교통부 주관 '전국의 아름다운 도로 100선'에 선정됐고, 2007년에는 한국도로교통협회 주관 '한국의 아름다운 길 100선' 최우수상을 받았다. 2011년 이곳에서 제1회 담양메타세쿼이아 가로수 축제가 열렸으며, 첫 축제 이후 문화관광부 조사에서 2011년 가로수 축제 전 국민 선호도 2위에 선정되기도 했다. 2015년 가로수길 최초로 '국가산림문화자산'으로 지정되어 '죽녹원' '관방

담양 메타세쿼이아길

제림'과 함께 담양의 대표적인 관광지가 된다.

　당장 눈앞의 이익 즉, 경제성이 항상 최선은 아니다. 조금 돌아간다고 해서 큰일 날 것은 없다. 2000년 시작된 담양 군민들의 노력이 겨우 4반세기만에 벌써 빛을 발하고 있다. 멋진 나무 한 그루가 있어 도로를 굽어 낼 수 있는 마음, 이런 마음이 모여 오늘의 담양 메타세쿼이아길을 만들었다고 생각한다.

　아마 앞으로 더는 자연을 훼손하는 무리한 정책이나 행정이 담양에서 추진되기 힘들 것이다. 스스로 노력해 힘들게 얻은 경험은 급속도로 널리 공유된다. 서문에 썼던 '양재천 둑방길 나무 지키기' 운동을 통해 체득하게 된 것이 있다. 당장 내 주변의 나무는 내가 지켜야 한다. 누구도 나만큼 나를 대신해줄 수 없기 때문이다.

　화석에서 살아 돌아온 담양의 메타세쿼이아길을 걸으며 인간으로서 그동안 나무들에 미안했던 마음이 조금은 가시는 것 같았다. 🍃

팽나무들의 친목회, 도초도 팽나무길

"이 나무 엄~청 오래되었어, 우리 할아버지 어릴 때도 있었당게."
"자네 할아버지가 200살도 넘었당가?"
"어여 물이나 주소!"

팽나무 옆 밭에서 일하던 노부부의 대화다.

팽나무 촬영하러 왔다고 하니 근처 밭에서 일하던 할머니가 나무 자랑을 하는데 옆에서 듣고 있던 할아버지가 면박을 준다. 참고로 신안군에서 받은 자료에는 이 도초도 이곡리 팽나무 수령이 250년 추정이라고 적혀 있다. 저 할아버지 오늘 집에 가면 저녁이나 얻어 드실 수 있을까?

따스한 봄날, 늦은 오후의 나른함에 차 안에서 졸다가 해질녘 다시 간 팽나무 주변에는 노부부 사랑의 자취인 듯 이른 봄 들꽃들이 가득했다.

도초도는 신안 섬들이 그러하듯이 팽나무 노거수가 많은 곳이었다.

신안군 도초도에는 신안에서 가장 넓은 고란평야가 섬 중앙에 있고, 경작지와 수로 정비도 잘 되어 있다. 섬이지만 전형적인 농촌 풍경을 간직하고 있는 도초도는 반달 모양의 시목해변 외에 알려진 것이 별로 없었다.

그러던 섬에 2020년부터 조성한, 팽나무가 즐비한 정원이 생겼다. 도초도의 관문인 '도초 선착장'에서 시작한 농수로인 월포천 둑에서 수국정원까지 이어진 팽나무 10리길 '환상의 정원'이 그것이다. 월포천 둑 위에는 수령

도초도 이곡리 팽나무

70~100년 이상 된 팽나무 700여 그루가 가지를 맞대고 마치 터널처럼 아치를 이루고 있다.

팽나무10리길 '환상의 정원'

이 팽나무들은 이곡리 팽나무와 달리, 본래 이 섬의 나무들이 아니다. 일부는 충청도와 경상도에서 왔고, 나머지는 주로 고흥과 해남, 장흥 등 전남 해안 지역에서 기증받아 옮겨 심었다고 한다. '환상의 정원'으로 이주해온 팽나무들은 저마다 출신 지역을 표시한 이름표를 달고 있었다. 도초도가 섬이라 이들을 옮기는 과정도 만만치 않았다. 대형 트럭에 큰 나무들을 싣고 천사대교를 지나 암태도까지 이동한 뒤, 배를 타고 도초도에 들어왔다.

처음 도초도에 팽나무10리길을 조성한다는 소식을 접한 주민들 반응은 좋지 않았다고 한다. 심지어 농사에 방해가 된다고 반대하는 사람도 있었지만, 팽나무가 앞으로 도초도를 먹여 살릴 거라는 이야기에 차차 여론이 바뀌었다고 한다. 그렇게 주민들과 힘을 합쳐 완성한 '환상의 정원'은 2020년 전라남도 도시숲 분야 대상을, 2021년 산림청이 주관하는 '녹색 도시 우수 사례 공모전' 가로수 부문에서 우수상을 받았다.

기본적으로 나무의 이식에 동의하지 않지만, 한 가지 순기능이 있다면 이 팽나무들을 많은 사람이 보고 나무에 대한 새로운 인식과 애정이 생기는 것이다. 이식된 나무는 잠시 생장이 주춤할 것이고, 잘 관리해준다면 고통을 딛고 환경에 적응하여 다시 웅장하게 자랄 것이다. 그렇게 자란 모습 10년, 20년 후에도 보고 싶다.

나무와 비교해 유난히 짧은 수명의 인간이 나무에게 해줄 수 있는 가장 큰 찬사가 나무를 심어 가꾸는 게 아닐까. 그것이 그나마 나무와 더불어 오래 살 수 있는 유일한 길인지도 모르겠다.

팽나무10리길. 오른쪽에 월포천이 보인다

[팽나무들의 친목회, 도초도 팽나무길]

봉황대 느티나무

봉황대

아직도 발굴되지 않은 신라시대 고분이 있다.

그리고 그 봉분 위에는 수백 년 된 느티나무들이 자라고 있다. 그 나무들을 촬영하러 간 날은 매섭게 추운 2014년 1월 겨울이었다.

봉황대는 경주에 있는 신라의 왕릉 무덤 중 단일 봉분으로는 가장 규모가 큰 고분이다. 크기도 크지만, 높이로 치면 신라뿐 아니라 우리나라 역사시대 무덤 중 가장 크다고 한다. 경주 사는 지인에게 물었더니, 어렸을 때 봉

봉황대의 느티나무들

황대에 친구들과 올라가 이야기도 하고, 커서는 맥주도 마시는 일종의 전망대였다고 한다. 실제 봉황대의 대臺자가 전망대의 그 대다. 아마도 조선시대에 붙였을 봉황대란 이름, 그리고 일제강점기의 사진에서 보이는 잡목이 우거진 동산 같은 모습을 보면 최근까지 이곳이 고분이 아니라 조산造山, 즉 풍수지리적인 균형을 맞추기 위해 조성한 인공 언덕이라고 생각했을 것이 당연하다. 실제로 보면 한 사람의 무덤이라기엔 커도 너무 크다. 무려 높이는 22미터, 지름은 82미터에 달한다.

이런 이유와 더불어, 혹시 누군가 이곳이 고분인지 의심했다 해도 돌무지덧널무덤(적석목곽묘. 커다란 나무관 위에 돌을 쌓고 다시 흙을 부어 묘를 만드는 예전 형식)의 특성상 도굴이 상당히 어려워 손대지 못했을 가능성이 크다고 한다. 시간이 지나 나무가 자란 이곳을 후대에는 아예 무덤이라고 생각조차 하지 못했기 때문에 도굴 시도 자체가 없었을 것으로 추정한다. 거대

[봉황대 느티나무]

한 크기로 미루어 왕의 고분이 분명하고, 위와 같은 이유로 도굴되었을 가능성이 적어 발굴하면 금은보화와 같은 많은 국보급 유물이 쏟아질 여지가 충분하다.

하지만, 이 고분은 지금까지 발굴 조사를 한 적이 없다. 무덤 내부의 구조 즉, 나무 받침 구조상 발굴하면 구조 훼손을 피하기 어렵기 때문이다. 더구나 이 고분은 왕릉 중 특이하게도 무덤 봉분 위에 수백 년 된 느티나무들이 자라고 있다. 이 느티나무 역시 봉황대 발굴의 가장 큰 걸림돌이라고 하니, 오히려 고목들이 이 무덤을 도굴로부터 지켜왔다고 할 수 있다. 발굴하지 않아 출토 유물이 없으니, 천마총이나 신라시대 다른 고분들에 비해 아직 잘 알려지지도 않았다.

묻혀 있을 보물보다 고분 위에 자라고 있는 느티나무에 더 관심 있는 나

봉황대의 느티나무들

는 매섭게 추운 날 느티나무에 조명을 하며 묵묵히 사진을 찍었다. 몇 시간을 찍고 나니 손이 얼었다. 촬영이 끝나고 철수할 시간, 장비를 분리하기 위해 삼각대의 노브를 돌리는데 손이 곱아 전혀 힘이 들어가지 않았다. 마침, 구경삼아 따라온 지인 부부에게 부탁하여 장비를 분리할 수 있었다. 이곳은 도굴만 어려운 것이 아니라 고분으로부터의 도망도 어려운 곳인가 보다.

 무덤을 뒤로하고 한참을 가다 다시 돌아보았다.
 나무의 영양분이 된다는 것, 내가 본 꽤 괜찮은 종말이고 무덤이란 생각을 했다. 멀지 않은 날, 내가 죽으면 화장해서 내가 심은 나무 아래 묻히리라. 또 누가 알겠는가. 먼 훗날 나 같은 이 또 하나 있어 카메라 들고 그 나무 찾을지.

화염수, 아프리칸 튤립나무

능선에 핀 아프리칸 튤립

피지에 도착했을 때 가장 먼저 눈에 들어온 것은 튤립 같은 큰 꽃이 핀 높은 나무였다. 붉은빛에 가까운 오렌지색 꽃들이 커다란 나무에 흐드러지게 피어 있었다. 혹시 큰 나무를 타고 오른 능소화가 아닌가 의심이 들 정도였다. 아프리칸 튤립나무 African tulip tree, *Spathodea campanulata* 였다.

아프리칸 튤립은 식물분류상으로 능소화과에 속한다(어쩐지!). 키가 7~25미터 사이로 자라며 서아프리카의 열대 건조림이 원산지다.

산에 야생으로 사는 아프리칸 튤립

이 나무는 열대 지방 전체에 관상용 나무로 광범위하게 심어졌다. 가지 끝에 붉은 꽃송이가 몇 개씩 모여서 피는데 꽃이 튤립을 닮아 아프리칸 튤립나무로 불린다. 매우 화려한 붉은 오렌지색 또는 진홍색(드물게 노란색) 종 모양의 꽃이 피며 관상용 나무로 높게 평가한다. 1787년 아프리카 골드 코스트 즉, 현재의 가나 지역에서 유럽인에 의해 발견되었다.

목재는 약해 건축용으로는 사용하기 힘들지만, 상자·종이 등의 용도로는 사용할 수 있다. 피지 아이들은 가끔 물이 많은 꽃봉오리를 물총으로 가지고 논다고 하니 어릴 때 신작로에서 물방울 터트리며 놀던 코스모스 봉오리가 떠오른다.

이 아름답고도 강렬한 꽃을 피우는, 잘 자라는 아프리칸 튤립은 아쉽게도 '세계 최악의 침략자' 100종 중 하나로 선정되기도 했다. 2002년에 토지

[화염수, 아프리칸 튤립나무]

보호법에 따라 호주 퀸즈랜드에서 3급 유해종으로 지정되었다. 아프리칸 튤립의 꽃에는 꿀벌을 죽이는 자연방어 성분이 있으며 호주 토종 무침벌(침이 없는 벌)에게 독성이 있는 것으로 알려졌기 때문이다.

왜 장미에는 가시가 있고, 아름다운 것에는 독이 있는 것일까?

아프리칸 튤립나무는 꽃이 활짝 핀 모습이 마치 붉은 화염에 휩싸인 것처럼 보여서 '화염 fireball 수'라고도 불린다. 우리나라에서는 서울식물원, 국립세종식물원에 가면 볼 수 있다. 따스한 나라에서는 불규칙하게 연중 내내 꽃이 피지만 그래도 봄에 가장 화려하다.

내가 피지에 갔던 6월은 우리나라에서는 초여름이지만, 남반구에서는 20~25도로 선선한, 늦가을에 해당하는 계절이다. 일 년 내내 피지의 기온 차가 크지 않아서인지 많은 아프리칸 튤립 꽃들이 피어 있었다. 그 커다랗

아프리칸의 꽃

고 정열적인 꽃을 보면 상기하게 된다.

아, 이곳은 따스한 남태평양이었지!

열대의 정열과 낭만을 느끼게 하는 꽃, 멀리서 보면 이국적이어서 좋아했던 능소화를 닮은 꽃, 피지를 떠나온 지금 능소화를 보면 피지의 아프리칸 튤립이 생각난다. 아프리칸 튤립을 보며 능소화를 생각하기도 했으니 어느덧 이 둘은 내 마음속에서 하나로 연결되었다.

야사리 운동장 느티나무

이서커뮤니티센터(예전 동면중학교 이서분교) 마당의 느티나무

무등산 동쪽, 백아산 서남쪽, 모후산 서북쪽에 이 세 산을 병풍처럼 두른 '야사리'라는 아담한 마을이 있다. 무등산에서 시작된 영산천을 따라 자연스레 촌락이 형성되었고, 1500년경부터 사람이 살았다고 한다.

화순군 이서면 야사리 느티나무는 동면중학교 이서분교 운동장 중앙에 있다. 이제는 2008년 2월 7명의 졸업식을 끝으로 분교가 폐교되고 '이서커뮤니티센터'로 이름이 바뀌었다. 이 느티나무는 각각 키 25미터, 줄기 둘레

7미터에 수령이 약 400년 정도 되었는데, 1967년 처음 이서중앙국민학교로 개교할 당시에도 이미 마을 당제를 지내는 느티나무였다고 한다. 학교가 들어서고 운동장을 조성할 때도 마을에서 그대로 보존했다고 하니 주민들의 관심과 보호를 받고 자란 나무가 분명하다.

이서분교 느티나무는 얼핏 보면 한 그루의 거대한 나무처럼 보이지만 각도를 달리하면 두 그루가 바싹 붙어 마주 보고 있다. 그리고 그 사이에 어른 한 명이 지나갈 만한 공간이 있다. 넘어가면 다른 세상으로 갈 것 같은 그런 통로. 만약 이 두 그루의 나무가 있는 곳이 평평한 학교 운동장이 아니었다면 감히 범접하기 힘든 기운을 지녔다.

나무를 촬영하며, 이 학교에 다녔을 많은 학생을 생각했다. 미술 수업 시간에 나무를 그리고, 체육시간에 나무 둘레를 따라 뛰고, 하교한 후에도 친구들과 나무 주위에서 놀던 아이들, 가끔은 마실 가신 부모님을 기다리며 나무 밑에 앉아 물드는 석양을 보았을 많은 아이를 생각했다. 이런 생각을 하다보니 그건 바로 내 어릴 때 모습이었다.

내가 처음 입학한 수안보국민학교는 학교 바로 뒤로 개천과 접해 있었고, 개천 주변에는 큰 상록수들이 모인 작은 숲이 있었다. 지금 찾아보니 개천 이름이 '석문동천'이다. 그 개천에는 자라도 살았고 민물 새우도 있었다. 수업 시간에 선생님과 함께 체험학습으로 개천에 들어가 고기를 잡으며 신나게 놀던 기억, 옆 숲에서 젖은 옷을 말리던 기억이 새롭다. 생각은 꼬리를 물어 잊고 있던 담임 선생님 성함도 기억났다! 심지어 대학에 입학하고 수안보국민학교에 찾아가 담임 선생님 근황을 물었던 기억, 그리고 등굣길 중간에 있던 성황당의 그 거대했던 나무들까지. 어릴 때 그 나무들과 놀던 그 기억이 나를 '나무 사진가'로 만들었다.

[야사리 운동장 느티나무]

자세히 보면 두 나무다.

가로등 조명을 받은 느티나무

　전교생을 그늘 아래 넉넉히 품었을 이 나무는 이서분교를 졸업한 모든 아이에게 아주 특별한 나무일 것이다. 거의 모두 고향을 떠나 타지에서 '생활인'으로 살고 있겠지만, 명절에 고향에 돌아오면 이 나무부터 찾지 않을까. 오랜만에 고향을 찾은 다른 친구들과 만날 약속을 할 때, '저녁에 나무 아래서 보자'라고 할 것만 같다.
　이제는 마지막 졸업생이라 해도 서른 살을 넘겼을 시간이 흘렀다.
　폐교했던 학교가 커뮤니티센터로 바뀌면서 많은 체험학습 프로그램이 진행되고 있는 듯하다. 이제는 지역의 아이들이 아닌 도시의 아이들이 이곳을 찾는다. 빠름에 익숙한 도시의 아이들에게 항상 변하지 않을 것 같은, 하지만 거대한 느티나무 두 그루는 어떤 의미일까. 이 아이들도 커서 한번쯤 이 나무들을 찾아오지 않을까?
　인간에게 어떤 기억은 시간이 지나도 절대 잊히지 않는다. 특히 야사리 나무들 같은 경이로운 나무를 마주한 경험은 더욱더 그러하다.
　나무는 어떨까.
　왠지 '간만에 조용했는데 이 쪼그만 녀석들은 또 뭐지?' 할 것만 같다.

{ 야사리 운동장 느티나무 }

지심도 팔색조와 동백 숲

지심도 산책로

선착장에 내리자 갑자기 바다에서 까만 공 같은 것이 솟아올랐다.

자세히 보니 잠수복을 입은 해녀였다. 선착장 가까이 온 해녀의 팔에는 망태기가 걸려 있었고 그 안에는 문어가 한 마리 들어 있었다.

"파세요? 얼마예요?"

"500원이요."

1000원을 드리자, 해삼과 멍게를 덤으로 손질해주셨다.

1986년 여름 지심도에서의 일이다. 배가 고팠던 우리는 순식간에 모두 먹어치웠다. 지금도 만나는 사진학과 동기 두 놈과 함께 여수부터 부산까지 남해안 도보 일주 중이었다.

거제시 일운면 지세포리에서 동쪽으로 1.5킬로미터 거리에 위치한 지심도는 면적이 0.338제곱킬로미터, 해안선 길이는 3.5킬로미터의 작은 섬이다. 장승포항에서 도선으로 약 15분 거리에 있다. 장승포 선착장 배 시간표에는 '지심도(동백섬)'라고 씌어 있었고, 우리는 '동백섬'이라는 단어에 눈길이 갔다. 여수의 동백섬을 거쳐 온 길이기도 했으니까.

남해의 섬엔 유난히 동백나무들이 많지만, 지심도는 자생하는 곰솔, 후

동백이 울창하여 터널을 이루었다.

지심도 포 진지 흔적

박나무, 생달나무 등 여러 나무 중에 동백나무의 비율이 가장 높다. 선착장에 내려서 섬으로 이어지는 가파른 길을 오르면 동백으로 우거진, 마치 터널 같은 곳을 지나게 된다. 섬의 유일한 초등학교에 살면서 근무하는 선생님 부부도 만나고 일제강점기 일본군이 부산을 감시할 수 있는 전략적 요충지인 이곳에 건설한 포 진지도 가보았다. 노을이 아름답던 저녁, 깎아지른 절벽 위에서 텐트도 치고 소주에 라면도 끓여 먹으며 멀리 지나가는 화물선을 본 기억이 생생하다.

"야, 자다가 구르지 마라. 떨어져 죽는다."

섬에서 나가는 날, 장승포 선착장에 도착해 내리는데 지심도로 들어가는 한 무리의 촬영팀과 스쳐 지나갔다. TV문학관 촬영팀이었다. 얼마 후 우연히 TV문학관에서 방영하는 지심도를 배경으로 한 「팔색조」라는 드라마를 보았다. 다채로운 색의 깃털이 아름다운 팔색조는 거제도에서 번식하는 나그네새로 천연기념물 204호다. 하지만 이처럼 아름다운 동백섬 지심도는 일제강점기 때부터 수난의 섬이었다. 1936년 일본 제국주의 시대, 일본군이

지심도 마을 수국

원주민을 모조리 강제 이주시킨 것이다. 섬을 전쟁을 위한 병참기지로 쓰기 위해서였다. 부산으로 통하는 바닷길을 통제하기에 지심도는 더할 수 없는 천혜의 요새였다.

　마침내 해방 후 주민들이 다시 섬에 들어와 농사를 지으며 살기 시작했으나 일본군 소유로 되어 있던 섬의 소유권은 1970년 12월 주민이 아닌 국방부로 다시 넘어간다. 이후 긴 시간 국회 청원 등 끈질긴 반환 노력 끝에 2017년 거제시가 소유권을 돌려받았다. 하지만 주민들에게 더 큰 시련이 다가왔다. 주민들은 국방부가 땅을 인수한 후부터 국방부에 임대료를 내며 살아왔다. 땅은 국방부 소유, 건물은 주민 소유였다. 주민들은 자신들이 살고 있는 땅만이라도 오래 거주한 사람들에게 불하해달라고 여러 차례 건의했지만 거절당했다고 한다. 새로 바뀐 땅 주인인 거제시는 불하 요청을 거부

했을 뿐만 아니라 '지심도의 자연환경을 보전하면서 생태관광공원 조성 등 거제시가 직접 공공용으로 사용하겠다'며 섬 주민들에게 '공유재산 사용수익허가 종료 통보'를 했다. 한마디로 더는 땅을 빌려주지 않을 테니 섬을 나가라는 얘기였다. 심지어 2019년 6월까지 강제 이주를 요구하며 단전과 함께 도선 운항 중단을 예고하는 지경에 이르렀다.

이후 사단법인 섬연구소와 주민들이 거제시를 상대로 지난한 싸움을 이어갔다. 섬연구소 강제윤 소장은 국립공원 시행령 14조의 4항을 찾아내 국립공원으로 지정되기 전에 이미 지어진 건물에 대한 증축, 개축, 재축, 이축의 법적인 근거를 찾아냈고, 국립공원 마을지구 지정을 하면 현재 시설에서 식당 등의 상업 활동을 할 수 있다는 합법적인 방법도 찾았다.

현재 섬연구소의 다양한 활동과 섬연구소가 국민권익위에 제기한 민원을 바탕으로 국민권익위는 중재안을 마련했고 거제시와 지심도 주민들은

동백이 울창하여 낮에도 어두운 산책로

마침내 상생협약을 맺었다. 한마디로 지심도 주민이 권리를 가지고 영구히 섬에 살 수 있는 방법을 찾은 것이다. 하지만 거제시와의 지난한 싸움 중에 15가구 주민 중 5가구가 살던 집을 거제시에 매각하고 섬을 떠났다고 한다. 주택 15채 중 13채가 일본군 주둔 시기에 건축된 일본식 목조 건물들이라 근대 유산으로서 가치가 크다.

강 소장의 말이 가슴에 와닿는다.

"섬 주민을 쫓아내고 하는 개발이 가장 나쁜 섬 개발이다. 지심도는 동백 철엔 하루 2000~3000명, 연간 14만 명이 방문하는 관광지라, 오히려 입도 인원을 제한해서 자연환경을 보전할 상황인데 또 개발하겠다는 것 자체가 말이 안 된다."

이미 거주하는 주민을 쫓아내고 하는 개발은 누구를 위한 것인가. 이것은 마치 이미 있는 나무를 베어내고 다시 공원을 만들겠다는 것과 다름없다.

거제도와 섬 주민들 간의 분쟁으로 더 유명해진 지심도, 개발제한구역이 었기에 오히려 고스란히 자연이 보존된 지심도를 38년 만에 다시 찾았다. 비록 그사이에 학교는 폐교되었고, 거제에서 번식한다는 팔색조는 보지 못 했으나 모든 분쟁이 해결되었다는 사실 때문인지 지심도는 더 평화로웠고 더 아름다웠다. 그 사이 나무들도 부쩍 큰 것 같았다.

섬을 떠나며 지심도를 돌아보았다.

나는 과연 젊었던 그때보다 더 자란 것일까?

지심도를 떠나다

나무도 아닌 것이 풀도 아닌 것이

죽녹원 대나무숲

대나무가 없는 지역에서 자랐다.

대나무 비슷한 거라고는 산에서 자라는 작은 조릿대밖에 없었다. 그래서인지 내게 대나무는 나무가 아니라 풀 같은 존재였다. 나중에 대학에 들어가 카메라를 들고 전국을 다닐 때 키가 큰 대나무를 보았으나 역시 나무란 생각은 들지 않았다.

내게 나무란 아름드리나무를 의미했다. 올라갈 수 있고 기댈 수 있는 그런 존재.

죽녹원 대나무숲

나무 사진가로 살아가며 '어쩔 수 없이' 대나무에 대해서도 조사를 하게 되었는데, 무엇보다 엄청난 그 쓰임새가 놀라웠다. 우선 인간에게 가장 중요한 식량으로 쓰인다. 죽순은 당연하고, 대나무의 열매인 죽실은 쌀처럼 밥을 지어 먹는다. 맛은 수수와 비슷하다고 한다. 그리고 대나무를 이용한 한약재, 각종 술, 죽염 등이 있겠다.

먹는 것 이외에 대나무로 만든 장신구, 창이나 화살 등의 무기, 악기, 식기, 심지어 건축 자재까지 그 용도는 무궁무진하다. 드라마나 영화에서 자

[나무도 아닌 것이 풀도 아닌 것이]

주 보이지만, 종이가 없던 시기에 대나무를 쪼개어 엮어 책처럼 사용했다.

창선도 대벽리 왕후박나무 편에서 언급한 적이 있지만, 임진왜란 때 이순신 장군은 대나무가 탈 때 공기 팽창에 의해 생기는 폭음을 화약 터지는 소리처럼 왜적들을 속여 도발을 막기도 했다고 한다.

이와 같은 여러 쓰임새 중에 죽부인은 무더운 열대야에 요긴한 도구로, 대나무의 차가운 성질을 잘 이용한 지혜로운 생활 문화의 하나다. 이런 실질적인 쓰임새 외에도 대나무는 사군자의 하나로 예로부터 지조와 절개를 상징했다.

요즘 온실가스, 이산화탄소 등 기후 위기에 관한 이야기가 연일 뉴스에 등장한다. 산림청 국립산림과학원에 따르면 서식 밀도에 따라 다르지만, 대나무는 1헥타르(1만 제곱미터)당 연간 이산화탄소 약 30톤가량을 흡수할 수 있다고 하는데, 이것은 맹그로브 1헥타르당 연간 흡수량인 100톤보다는 적지만, 일반 나무에 비해 4배나 많은 양이다.

대나무는 유관속식물이지만 형성층이 없다. 때문에 비대생장이나 수고생장은 하지 않고 이파리에서 모은 양분을 부지런히 땅속줄기로 보내 다음 세대를 위해 힘쓴다. 실제로 대나무 숲에 가면 그 많은 대나무가 단 몇 개의 뿌리로 서로 연결된, 말하자면 한 가족이라고 한다. 가족을 위해 자신은 먹지도 않고 열심히 일만 하는 우리네 부모를 닮았다는 생각도 든다. 이쯤 되면 아무리 대나무가 나무와 달라 보인다고 해도 한 그루의 당당한 나무라 인정하지 않을 수 없겠다.

이런 멋진 대'나무'가 세계적으로 1200여 종이나 되고 우리나라에는 왕대속, 이대속, 조릿대속, 해장죽속 등 4속 14종이 있다고 한다. 분포 지역은 우리나라, 중국·일본의 동아시아와 인도, 사하라이남 아프리카, 미국 동남부, 중남미, 오세아니아 등이다.

　대나무는 온대 기후와 냉대 기후를 구분하는 식물이기도 하다. 보통 대나무의 자생 북방한계선은 섭씨 영하 3도로 알려졌다. 우리나라의 충청 중남부 이남과 강원 영동 남부가 대나무가 자랄 수 있는 한계선이라 알려졌는데 요즘 서울에서도 대나무를 정원수로 심은 곳이 많다. 어릴 때 못 보던 대나무를 보는 것은 좋은데, 이것이 또 지구 온난화의 증거라고 하니 기분이 묘하다.

　온난화 효과와 상관없이 우리나라에서 대나무가 가장 많이 자생하는 곳은 담양이다. 담양은 대나무가 특산물이기도 하다. 담양에서 대나무를 잘 볼 수 있는 죽녹원은 담양군이 성인산 일대에 조성하여 2005년 3월 개원한 대나무 숲 정원이다. 약 31만 제곱미터의 울창한 대숲에 죽림욕을 즐길 수 있는 운수대통길, 죽마고우길, 철학자의 길 등 8가지 주제의 길이 만들어졌다. 죽녹원 전망대에 오르면 수령 300년이 넘은 고목들로 조성된 관방제림과 담양의 명물인 메타세쿼이아 가로수길이 내려다보인다.

　땅속뿌리로 번식하는 대나무도 꽃이 핀다. 약 50년마다 핀다고 하는데, 죽녹원에 두 번 갔지만 당연히 꽃을 보지는 못했다. 몇 년 전 의령의 대나무 숲에서 수십 그루가 동시에 꽃을 피웠다고 한다. 평생 한 번 보기도 어렵다는 대나무꽃, 언제 한번 볼 수 있을까.

　문득, 대나무꽃을 기다리는 내 모습이 인생에 한 번은 꽃 피기를 바라는 범부의 모습과 닮았다고 생각했다. 🍃

죽녹원 대나무숲길

대나무의 마디들. 대나무는 비대생장을 하지 않는다.

충효동 왕버들 군

충효동 왕버들. '김덕령 나무'라 불리기도 한다

어느 날 한 임신한 여인이 밭에서 일하고 있는데 갑자기 늙은 중이 나타났다.

그 중은 '나는 중이 아닌 호랑이다'라고 소리치면서 재주를 세 번 넘더니 호랑이로 변했다. 그리고 여인이 일하는 밭 주변을 계속 맴돌더니 다시 재주를 넘어 중이 되었다. 중은 물러가며 지나는 사람에게 혼잣말처럼 중얼거리기를 '암만해도 저 여자를 잡아먹지 못하겠다. 밭으로 들어가 잡아먹으려 했더니 불칼이 나타나서 잡아먹지 못하겠다'라고 말하고 홀연히 사라졌다 한다.

바로 임진왜란 때 활약한 김덕룡 장군 어머니에 얽힌 설화다.

호랑이에게 잡아먹힐 뻔했으나 무등산 정기를 타고난 김덕룡 장군이 배 속에 있었기 때문에 산신령이 불칼을 내려 장군을 살린 것이라는 전설이다.

김덕룡 장군이 태어난 곳은 광주 호숫가 충효동(옛 석조천)이다. 1568년에 태어난 김덕룡은 1592년(선조 25) 임진왜란이 일어나자 형 김덕홍과 함께 상인의 신분임에도 의병을 일으켰다. 수백의 군사를 이끌고 고경명과 함께 전주까지 진군한 것이다. 그러나 형의 당부에 의해 곧바로 귀가하여 노모를 봉양했다. 그 후 형 덕홍은 의병장 조헌이 이끈 금산 전투에서 전사했으며 이듬해 8월에는 노모마저 세상을 떠났다.

1594년 1월 조정에서는 장군을 선전관宣傳官으로 임명하고 익호장군翼虎將軍의 호를 내렸다. 장군은 권율 장군의 휘하로 들어가 진해, 고성에서 왜군

왕버들 군

[충효동 왕버들 군]

녹음이 짙은 왕버들

의 북진을 방어했으며, 9월 장문포에서 충무공 이순신 장군과 수륙연합전으로 왜군을 크게 물리쳤다. 장군의 활약상이 날로 두드러지자 왜적은 그를 석저장군이라 부르기도 했다. 1595년 3월에는 의병장 곽재우 장군과 연합작전으로 정암전투에서 왜군을 다시 크게 무찌르고 6월에는 선조로부터 충용군忠勇軍이란 군호를 받았다.

1596년 7월 충청도 홍산(지금의 부여)에서 이몽학이 반란을 일으키자 이를 토벌하기 위해 전라도 운봉까지 진군했으나, 이몽학이 관군에 패하여 참수당하자 환군했다. 하지만 같은 해 8월, 장군을 시기하는 이시언과 김응서 등이 장군을 이몽학의 반란에 가담했다고 모략하여 투옥되었다가 여섯 차례의 혹독한 고문을 당해 그해에 옥사했다. 부인 홍양 이씨도 정유재란 때 일본군에게 쫓기다 절벽으로 몸을 던져 정절을 지켰다고 한다.

왕버들 군 바로 앞에 있는 광주호 호수생태원

옥사 후 65년이 지난 1661년(현종 2)에 누명이 풀려 관직이 복구되었고, 그 후 병조판서로 추증되고, 충장공이란 시호를 받았다. 그리고 장군이 태어난 마을에 충효리라는 비석을 세우게 했다. 충효동이란 동네 이름이 생기게 된 것이다. 그 후로 장군을 광주 벽진서원에 배향했고, 이후 의열사라는 사당 이름을 하사받았다가 나중에 충장사로 재건축하여 배향했다. 장군의 묘역이 있는 충장사는 무등산국립공원 안에 있고, 장군의 시호를 붙인 충장로는 지금 광주의 가장 번화한 거리다.

충효동에는 장군과 그 부인, 형제들을 기리는 비석이 있는데 그 비석을 보호하기 위한 '정려비각'이 있다. 그리고 정려비각 바로 앞, 광주호 근처에는 김덕령 장군이 태어났을 때 심었다고 하여 '김덕룡 나무'로 불리는 왕버들나무 세 그루가 있다. 원래는 '일송一松·일매一梅·오류五柳'라 하여 마을의 상징적인 나무들이었다. 그러나 매화와 왕버들 한 그루는 말라 죽었고, 또 한 그루의 왕버들과 소나무는 마을 앞 도로를 확장·포장하면서 잘려 나가 지금은 왕버들 세 그루만 남아 있다. 2012년 10월 5일 천연기념물 539호로 지정되었다.

 김덕룡 장군을 모르고 충장사·충장로의 유래도 모르던 내가 왕버들나무를 통해 장군을 알게 되었다. 유래를 알고 다시 본 나무는 이미 예전의 나무가 아니었다.

 2012년 늦가을에 본 나무들을 10년이 지나 다시 찾았다. 나무는 여전히 강건했고, 나는 또 그만큼 나이가 들어 있었다. 김덕룡 장군의 역사와 함께한 이 나무들, 오래도록 살아남아 그 이야기를 온몸으로 후대에 전할 나무들이다.

 나무들을 떠나며 다시 돌아보니 왕버들 너머 저 멀리, 유구한 민중항쟁의 상징 무등산이 나를 내려다본다. 아직 독립항쟁의 역사는 끝나지 않았다는 듯이 그렇게.

선암사 탑비전 참나무

승선교. 다리 아래 튀어 나온 것이 용머리 조각이다.

정호승 시인은 「선암사」에서 눈물 나면 기차를 타고 선암사 해우소에 가라고 했지만, 나는 선암사 탑비전塔碑田 옆 참나무에 갔다. 나무를 촬영하러 간 것이기도 했고, 딱히 눈물이 난 것도 아니었으니까.

순천 선암사 입구에 있는 '탑비전'에는 많은 부도가 있다. 이 부도들은 조선 후기 선암사에 거주하며 수행과 중생 구제 활동을 했던 주요 승려들의 부도가 지속적으로 만들어지면서 무리를 이루게 된 것이다. 이 탑비전에는 스님들의 유골이나 사리를 모셔두는 총 11기의 부도와 스님들의 치적을 새

겨놓은 8기의 탑과 비석이 세워져 있다.

　조선 후기 주로 만들어진 석종형과 원구형 양식의 부도가 있고, 일제강점기 건립된 것으로 추정되는 석탑형 부도도 있다. 탑비전 뒷부분에는 여러 기의 부도들이 배치되었고, 앞부분에는 비석들이 나열해 있다. 1980년대 중반 이후에도 여러 기의 부도가 도난당했다고 한다. 그리고 그 주변에 커다란 참나무 몇 그루가 있다.

　아직 촬영할 때까지 시간이 많이 남아 탑비전을 뒤로하고 임진왜란 이후 불에 탄 선암사를 중건할 때 만들었다는 승선교를 지났다. 승선교에는 전설이 있다. 조선 숙종 때 호암대사가 관음보살의 모습을 보려고 백일기도를 했으나 결국 보지 못하고 절망하여 벼랑에 몸을 던지려 하자 한 여인이 나타나 대사를 구하고 사라졌다. 뒤늦게 그 여인이 관음보살임을 깨달은 대사가 원통전을 세워 관음보살을 모시고, 절 입구에 아름다운 다리 승선교를 만들었다. 종교의 힘이란 예나 지금이나 절대적이다. 이 승선교 다리 밑 한복판에는 용머리를 조각한 돌이 삐죽 나와 있는데, 이것을 뽑으면 다리가 무너진다는 이야기가 전해온다. 다리는 속계와 선계를 구분하는 의미이고, 용은 불교를 수호하는 상징이다. 그 승선교를 지나니 스님 한 분이 느릿느릿 걸어가신다. 혹시 이분이 호암대사인가?

　날이 완전히 어두워지길 기다리며 선암사에서 나와 다시 탑비전 참나무로 갔다. 시간은 아직 충분했다. 그 나무 근처 벤치에 앉아 가방에서 아껴두었던 위스키 한 잔을 따랐다. 해는 뉘엿뉘엿 지고 있었고, 잔에 따른 55도가 넘는 위스키 원액에서는 시간이 지나자 점차 꽃향기와 참나무 향이 나기 시작했다.

[선암사 탑비전 참나무]

승선교를 지나서 만난 스님

위스키에서 참나무 향이 올라왔다.

참나무는 어느 한 종류를 지칭하는 것이 아니다. 참나무과 참나무속에 속하는 여러 수종을 가리키는 명칭이다. 참나무의 '참'은 '좋은' '유용한'이라는 뜻이 있다. 참꽃(진달래), 참나물 등 우리 생활에 유용하고 좋은 것에는 참을 붙인 경우와 같다. 이 속에 속하는 나무는 모두 도토리라고 불리는 열매를 생산하므로 '도토리나무'라고도 부른다. 즉, 상수리나무, 굴참나무, 떡갈나무, 신갈나무, 갈참나무, 졸참나무 등이 여기에 해당한다. 참나무는 실제로 이름처럼 유용한데, 예를 들면 참나무 껍질에는 탄닌 함량이 많으므로 바닷가에서는 어망을 물들이는 데도 사용한다고 한다. 재목은 매우 단단하여 두루 쓰이며, 유럽에서는 특히 술통을 만드는 재료로 유명하다. 방금 내가 마신 위스키도 참나무, 즉 오크통에 숙성했다.

〔선암사 탑비전 참나무〕

날이 완전히 어두워지고 촬영을 시작했다.

나무와 그 아래 부도 하나하나 정성스레 조명을 했다. 마치 제사상에 촛불을 켜듯이 경건하게 조명을 비추었고 촬영은 완전한 침묵 속에서 진행되었다. 묵언수행이 이런 것일까?

이미 세상에서 사라진 이의 남은 부도를 촬영하며, 승선교가 구분하는 속계와 선계뿐만 아니라 이승과 저승 역시 별반 다르지 않다는 것. 존재란 것은 기억에 종속됨으로써 가능한 것, 이승에서 소멸하여 사라진다 해도 누군가 다른 이가 기억한다면 그건 죽음이 아닐지도 모른다. 반대로 살아 움직이지만, 모든 이에게서 잊힌다면 그것 또한 이승의 존재가 아니라는 생각을 했다.

어느덧 촬영이 끝나고 시간은 새벽이 되었고, 허기가 밀려왔다. 숙소로 이동하기 위해 서둘러 촬영 장비를 챙기다 문득, 이렇게 먹고 자는 것, 현실

선암사 탑비전 앞 참나무

적이고 속물적인 것에 얽매여 있으면서 저 높은 이상을 생각하는 존재, 그렇게 이상한 존재가 바로 너희 인간이라고 부도를 지키는 참나무가 내게 말해주는 것 같았다.

서둘렀던 손길을 멈추고 바닥에 앉아 참나무와 그 위에 떠 있는 별들을 보았다. 그리고 천천히 작별 인사를 했다. 내가 미처 다다를 수 없는 오랜 시간, 그 긴 시간 동안 부도 옆을 지키고 있을 참나무에 내가 보낼 수 있는 무한한 감사와 애정을 담아서.

백련사 배롱나무

만경루 다원 앞 배롱나무

강진 백련사에는 세 그루의 아름다운 배롱나무가 있다.

추정 수령 150년에서 200년 된 나무들이다. 매번 개화가 절정인 시기를 놓치긴 했으나 강진에 갈 때마다 백련사를 찾아 동백 숲을 보고 나면 배롱나무를 보았다. 전국에 유명한 배롱나무가 많이 있지만 백련사의 배롱나무들, 특히 만경루 앞 배롱나무의 아름다움은 특별하다. 처음 보았을 때, 만경루 안에 있는 다원에서 향기 그윽한 차를 마시며 보았기 때문일까? 어쩌면 그 배롱나무 너머로 보이던 강진만의 찬란한 아침 햇살 때문이었는지도 모르겠다.

　그리고 또 한 그루의 배롱나무는 좀 더 걸어 올라가면 삼성각 앞뜰에, 그리고 또 한 그루는 명부전 앞에 있다. 삼성각 배롱나무는 만경루 앞 배롱나무와 비슷하게 연륜이 있어 보이나 크기는 조금 작아 보인다. 이렇게 세 그루의 배롱나무는 각자 백련사의 명당자리에서 그 아름다움을 뽐내고 있었다.

　배롱나무는 백 일 동안 꽃이 핀다고 하여 '백일홍'이라고 부르기도 했는데 꽃 백일홍과 헷갈려 '목백일홍'이라고 부르기도 하고, 요즘엔 주로 배롱나무로 부른다. 사실 배롱나무는 백 일 동안 하나의 꽃이 계속 피어 있는 나무는 아니다. 한 송이가 떨어지면 다시 한 송이가 피고, 그렇게 이어서 그 아름다움을 지속한다. 마치 불교에서 행하는 100일 기도처럼 매일 그렇게. 그래서인지 불가에서는 배롱나무 꽃을 '윤회'를 상징하는 꽃으로 본다.

만경루 다원 창으로 보이는 배롱나무

[백련사 배롱나무]

충청도 지방에서는 이 배롱나무를 '간지럼나무'라고 부르기도 하는데, 그 이유는 수피가 매끄러운 배롱나무를 간지럽히면 잎이 간지럼 타듯이 움직인다고 한다. 아쉽게도 한 번도 못 해봤다.

백련사는 동백 숲으로도 배롱나무로도 유명하지만, 사실 다산 정약용 선생과 백련사 주지였던 혜장스님과의 우정 어린 교류로 유명하다.

다산은 조선 후기 유명한 학자로 누구나 아는 『목민심서』 등 많은 저서를 남긴 유학자이며 실학자다. 1762년에 태어나 1836년에 사망했다. 어려서부터 성호 이익의 학문을 익히면서 개혁 사상을 접하게 되었다고 한다. 정조 때는 관료로 재직하면서 과학자로서의 면모도 보이는 등 한 마디로 다방면에 천재였다. 이 시기에 관심을 가진 천주교로 인해 1801년의 천주교 난 때부터 1818년까지 긴 시간 유배를 가게 된다.

하지만 그는 유배 중에 당시 피폐한 조선 사회를 직접 겪고 눈으로 보면서 그에 대한 개혁안을 담은 책들을 저술했다. 정치·경제·사회·문화·사상을 모두 담은 500여 권에 이르는 방대한 저서를 남긴 것이다. 유배가 오히려 그의 학문적 완성을 이루는 데 긍정적인 역할을 한 셈이다. 이 강진 유배기에 그는 백련사의 혜장선사를 만난다.

다산이 강진에 유배해온 지 4년 후인 1805년 백련사의 혜장선사를 찾아와 『주역』에 대한 이야기로 밤을 지새운 일화는 유명하다. 다산은 혜장선사를 만나자마자 경학에 대한 그의 놀라운 이해에 감탄했고, 혜장선사 역시 정약용의 학문에 깊이 빠져들었다.

그 후 혜장선사는 동문 밖 주막집에 머물고 있던 정약용을 고성사 보은 산방으로 거처를 옮겨 지낼 수 있도록 주선했고, 서로 친밀한 교류를 이어

명부전 배롱나무

갔다. 이 무렵 주고받은 편지를 모아 엮은 『견월첩見月帖』에는 서로를 향한 지극한 우정이 잘 드러나 있다. 나중에 정약용이 귤동에 있는 지금의 다산초당에 기거하게 된 것도 백련사의 주지 혜장스님과 가까이 지내기 위한 것이기도 했다고 하니 그 각별함이 가슴에 와닿고도 남는다.

 유교시대에, 더구나 나이가 열 살이나 차이 나고, 유학자와 수도승이라는 종교의 차이도 있었지만, 그들은 모든 걸 뛰어넘어 진솔한 만남을 이어갔다. 당시 백련사의 본찰이었던 대흥사는 불경에 기반을 두면서 유가儒家와 도가道家에도 관심이 많았다고 하니 이런 진보적인 분위기도 둘 사이를 이어주는 데 영향을 미쳤을 것이다.

 다산보다 열 살 어린 혜장선사는 대흥사에서 스물아홉이라는 젊은 나이

[백련사 배롱나무]

에 '강백'이라는 사찰의 지도자를 지냈고, 승려였지만 술을 즐겨 마셨고 사상이 자유로웠다고 한다. 세상에 대한 호기심과 열린 마음의 혜장선사에게 한양에서 온 경학에 밝은 학자 다산은 학문적 갈증을 해소해주는 깊은 우물의 정화수였을지도 모른다.

그 두 사람이 하루가 멀다고 오가던 백련사와 다산초당 사이의 오솔길은 이제 나 같은 후세 사람들이 두 사람의 우정을 막연히 되새기며 걷고 있다. 한번 만들어진 길은 사라지지 않는 법이니까.

그러던 혜장스님이 만 서른아홉 살 나이인 1811년에 술병이 나서 요절한다.

다산은 혜장선사의 입적을 몹시 슬퍼하면서 '아암兒巖 장공藏公의 탑명塔銘'을 써서 그를 기렸다. 이 글에서 정약용은 둘이 처음 만나 『주역』을 논하던 상황을 마치 사진으로 촬영한 듯 선명하게 회고했다.

신유년(1801) 겨울에 나는 강진으로 귀양을 왔다. 이후 5년이 지난 봄에 아암이 백련사에 와서 살면서 나를 만나려고 했다.

하루는 시골 노인의 안내를 받아 신분을 감춘 채 그를 찾았다. 한나절을 이야기했지만, 그는 나를 알아보지 못했다. 작별하고 북암에 이르렀는데 해 질 무렵 아암이 헐레벌떡 뒤쫓아와서 머리를 숙이고 합장하여 말하기를 "공께서 어찌하여 사람을 속이십니까? 공이 바로 정대부丁大夫 선생이 아니십니까? 빈도는 밤낮으로 공을 사모했습니다"라고 했다. 그리하여 다시 돌아와 아암의 방에서 함께 자게 되었다.

밤새 차를 마시며 『주역』에 대한 이야기를 나누었는데, 늦은 밤이 되어 혜장은 이렇게 말했다. "산승山僧이 20년 동안 『주역』을 배웠지만 모두가 헛

명부전과 배롱나무

된 거품이었습니다. 우물 안 개구리요, 술 단지 안의 초파리 격이니 스스로 지혜롭다 할 수 없습니다.'"

이렇듯 따스하고 진솔한 만남에 전설 하나 없으면 서운하다.

백련사 배롱나무의 추정 수령을 역으로 계산해보니 대략 1800년대 초반에서 후반 사이에 심었다. 뜬금없이 이런 상상을 해본다.

'아암이 요절하자 이를 슬퍼한 다산이 배롱나무를 심어 그를 그리워했을지도 모른다.'

배롱나무의 꽃은 불가에서 죽음 후 다시 생명을 불러오는 '윤회의 꽃'이기도 하니까.

[백련사 배롱나무]

용문사 은행나무

나무 밑동

'살아 있는 화석'이라 불리는 은행나무는 병충해에 강하다.

강력한 살충·살균 성분인 '플라보노이드'를 만들어 곤충이나 곰팡이로부터 스스로를 지킨다. 그 때문에 2억 7000만 년이라는 긴 시간 멸종하지 않을 수 있었을 것이다. 병충해에 저항할 수 있게 된 은행나무, 덕분에 굳이 환경 변화에 발맞추어 매번 다양한 종으로 진화(또는 타협)하지 않고도 버티고 살아남을 수 있었던 나무가 은행나무다. 은행나무는 '강·목·과·속·종'의 분류에서 다른 종으로 분화하지 않았다. 지금 지구에 살아 있는 은행나무는 오직 한 종뿐이다.

하지만 상황이 바뀌었다.

몇 억 년 전, 은행나무 번식에 도움을 주던 공룡 같은 매개체는 이미 멸종했고, 열매는 무겁고 커서 바람으로 널리 퍼트리기 힘들다. 그리고 특유의 고약한 냄새로 인해 다람쥐나 청설모와 같은 동물의 힘을 빌려 번식하는 것도 기대하기 어렵다. 또한 나무가 암·수 구분이 되어 있어 서로 가까이 있어야 수정이 일어난다. 번식을 위한 매개체가 멸종한 지금 은행나무도 덩달아 멸종 위기 식물이 되었다. 그나마 인간이 번식을 시켜서 멸종까지 가지는 않았을 뿐이다.

현재 은행나무 번식의 매개체는 오직 인간이다.

은행나무 열매를 먹고 은행나무를 번식시키는 것은 사람이 유일하다. 은행나무에 전해오는 이야기 중에 '누가 심었다'는 설이나 '지팡이를 꽂았더니 나무가 자랐다'는 설 등이 바로 자연 상태에서 번식이 안 되는 은행나무이기에 나올 수밖에 없는 이야기일 것이다.

용문사 은행나무도 마찬가지다.

용문사 은행나무에는 두 가지 전설이 있는데, 하나는 신라 고승 의상대사가 짚고 다니던 지팡이를 땅에 꽂았더니 뿌리가 나고 자라 은행나무가 되었다는 전설과, 신라의 마지막 태자인 마의태자가 나라 잃은 슬픔을 안고 금강산 가는 길에 심었다고 하는 전설이다. 전설의 공통점은 바로 누군가 '심었다'는 점이다.

유난히 강한 신념을 가지고 세상을 살아가는 사람을 본다.

너무나 완고하여 작은 틈조차 없을 것 같은 사람, 세상과 마주하여 혼자

나무 하단

모든 싸움을 해나가는 사람, 그런 사람을 볼 때마다 난 몇 억 년을 살아온 은행나무를 떠올린다. 강인한 은행나무, 어쩌면 고독하게 살아온 그 은행나무가 떠오른다.

세상은 계속 변하고 있다.

기술도, 추구하는 가치도, 지식도, 심지어 상식마저 변한다.

이런 추세라면 '불변의 진리'라는 것도 변할지 모르겠다. 변하지 않는 은행나무, 변하지 않는 사람, 그리고 변화하는 모든 것이 있다. 하지만 모든 것이 변해야 하는 건 아니다. 저 아름다운 숲에는 진화한 식물도 있고, 진화하는 식물도 있고, 은행나무처럼 오직 한 종으로 변하지 않고 살아가는 식물도 있다. 모두 모여 하나의 숲을 이루고 있을 뿐이다. 모든 것이 각자 나름대로 흐르고 존재하는 것, '자연'의 정의에 부합되는 것이라고 믿는다. 하지만 그럼에도, 변하지 않고 외로이 투쟁하는 존재에 대한 애틋함은 있다. 그리 도태되어가고 사라져가는 존재에 대한 일종의 슬픔 같은 것이다.

어쩌면 내가 그런 존재에 대해 애잔함을 갖는 것은 혹시 그게 나일지도 모른다는 생각, 또는 연민일 수도 있겠다.

얼마 전, 산림청 국립산림과학원에서 라이다LiDAR 등 최신 기술로 용문사 은행나무의 크기, 무게, 수령 등을 측정했다고 한다. 높이 38.8미터, 둘레 11미터, 무게 97.9톤, 수령 1018세로 나왔다. 우리나라에서 가장 큰 나무라고 한다. 물론 이 최신 기술도 완벽한 것은 아닐 것이다. 기존에 용문사 은행나무는 수령이 약 1100년인 것으로 추정됐었는데 갑자기 80살이나 어려진 걸 축하하고 싶다. 젊어진 만큼 더 오래 우리 곁에, 마치 화석처럼 남아 있기를 바란다.

한편으로 생각해보니 80년이란 시간이 사람에게는 한평생이지만, 나무가 볼 때는 너무 짧은 순간이라 이 또한 무의미할 수도 있겠다.

[용문사 은행나무]

전체 모습

두물머리 느티나무

두물머리 촬영 온 사람들과 느티나무

"두물머리 촬영 한번 가시죠."

사진 강좌 반에서 야외 촬영을 가자고 해서 가게 된 두물머리 느티나무. 사진 사이트나 SNS에서 너무나 많이 본 유명한 나무라 그동안 오히려 찾지 않았었다.

두물머리는 '두 물이 만나는 곳'이란 뜻으로 '양수리兩首里'라는 지명의 순 우리말이다. 북한강은 금강산에서 발원해 남쪽으로 흐르면서 강원도 철원에서 금성천과 합류하고 이후 화천을 지나 남쪽으로 흐르다가 춘천, 가평을 지나 경기도 양평군 양서면 양수리에서 남한강과 합류한다. 남한강은 강원도 삼척시 대덕산에서 발원해 영월에서 평창강과 합치고, 충청북도 단양을 지나 서쪽으로 흘러 달천과 합친 후, 충주를 거쳐 경기도 여주를 지나 양수리로 들어간다. 그렇게 이곳 두물머리에서 북한강과 남한강이 만나 서울을 지나 서해로 흐른다. 참으로 긴 여정이다.

우리나라 최대 거주지를 돌고 돌아 서해에 이르는 큰 강을 접한 곳이니 두물머리 느티나무에는 전해오는 이야기도 많다.

구한말에는 이곳이 서울을 오가는 나루터가 있는 주요 길목이었는데, 말에 죽을 먹이고 주막에 들러 목을 축이는 곳이었다고 한다. 그래서 '말죽거리'라고 불렀다 하는데, 이곳 느티나무 아래를 말을 타고 지나가면 말발굽이 떨어지지 않아 누구나 말에서 내려 공손히 걸어 지났다고 한다. 아마도 말죽 냄새를 맡은 말이 먹고 가겠다고 버텼을 가능성이 크다.

일제강점기에는 일본군이 총을 만들고자 나무를 베려 했으나 벌목하려던 인부(또는 일본군)의 손이 갑자기 부러지는 바람에 베지 못했다고 한다. 현 위치에 할아버지 나무와 할머니 나무, 아들 나무 세 그루가 있었는데, 1944년 일제가 총 개머리판을 만들려 또다시 벌목을 시도했다. 마을 사람들은 할머니 나무만이라도 살려달라고 간청하여 할아버지 나무와 아들 나무만 잘랐는데 이듬해 1945년 일본의 항복으로 총을 제작하지도 못하고 버려졌다고 전해진다. 그 당시 나무를 베었던 두 사람은 1년도 못 돼 숨졌고, 벌목을 지시한 일본군은 천벌을 받아 행방불명되었다고 한다. 천벌인지 사고인지, 사실 여부를 떠나 당시 300년이 넘은 나무를 베어 소총의 재료로 쓰려고 했다니 개탄스럽지 않을 수 없다.

[두물머리 느티나무]

두물머리 느티나무들

해방 후, 두물머리 마을에는 원래 도당할아버지와 도당할머니로 부르는 두 나무가 위아래 나란히 있었으나 1972년 팔당댐 완공 이후 도당할머니 나무는 수몰되었다. 마을 사람들은 마을의 안녕과 가정의 평온을 위해 지금도 매년 음력 9월 2일 저녁에 도당할아버지 나무인 두물머리 느티나무에 제를 올리고 있다. 이 도당제는 남·북한강에서는 같은 유형을 찾아볼 수 없는 유일한 용왕제라고 한다.

이렇게 전해오는 많은 이야기를 가진 두물머리 느티나무는 1982년 10월 양평군 보호수로 지정되었다. 수령은 약 400년이며, 멀리서 보면 세 그루의 느티나무가 마치 한 그루처럼 우뚝 서 있다. 당연히 세 그루 같이 봐야 아름답다. 우리가 간 날, 이른 시간인데도 나무 주위엔 이미 많은 사람이 있었다. 그중에는 사진가도 많이 눈에 띈다. 분명히 가장 많은 사진가의 모델이 된 나무일 것이다. 몸통에 가까이 가보니 연륜이 그대로 드러난다.

베어질 뻔하고, 수몰될 뻔하고, 두물머리 느티나무의 수난사가 눈에 선하다. 그래도 살아남아 강물과 어울려 아름답게 서 있으니 고맙기까지 하

이른 새벽 두물머리에 안개가 자욱하다.

[두물머리 느티나무]

2010년 진수식을 한 두물머리 예전 황포돛배. 무형문화재 제11호 조선장 기능보유자인 김귀성 씨가 만들었다. 지금은 노후되어 전라남도 무형문화재 제50호 조선장 기능보유자인 조일옥 씨가 복원해 2022년 3월 진수식을 했다.

다. 두물머리 느티나무를 보며 "살아남는 것이 이기는 것이다"라는 말이 아주 가슴에 와 닿는다. 이 느티나무가 살아 있으므로 많은 전설 또한 계속해서 생명을 얻고 오랜 시간 전해질 수 있겠다.

    오래 살아도 더욱 아름답고 다른 많은 생명체에 위안이 되는 것, 과연 인간에게도 해당되는 것일까?

아까시는 언제나 향기와 함께

2012년부터 2016년까지, 양재천 자전거 도로를 따라 과천에서 양재동 작업실까지 자전거를 타고 출퇴근을 했다. 워낙 자전거 타기를 좋아해 대학 1학년 방학 때에는 친구들과 29박 30일로 제주도를 포함해 전국 일주를 하기도 했다.

하지만 서울 시내에서 자전거를 타기는 쉽지 않아 그동안 포기하고 살다가 과천으로 이사를 하게 되었다. 작업실마저 양재천으로 이전하고 보니, 작업실과 집을 한 번에 오갈 수 있는 자전거 전용도로가 양재천에 있었다. 비가 오나 눈이 오나 자전거를 타고 다녔다. 출근하면 퇴근하고 싶고 퇴근하면 아침 출근이 기다려지는, 내 인생 최고의 출·퇴근이 아니었나 싶다. 물론 양재천의 아름다운 길 때문이었다.

양재천에는 나무나 꽃들 이외에도 많은 동물이 살았다.
팔뚝만 한 잉어를 비롯해 민물 게, 백로, 오리, 고양이, 너구리 심지어 가끔 고라니와 짧은 구간 경주를 한 적도 있고, 뱀을 칠 뻔한 적도 있었으니 그 야말로 동물의 왕국 같았다. 양재천은 밤이 가장 아름다웠다. 맑은 보름날, 자전거 탄 나를 따라오는 달을 보는 일은 자연을 좋아하는 나에게 큰 기쁨이었다. 얼굴을 스치는 바람은 나를 살아 숨 쉬게 했다.
그리고 그 길 중간에 예쁜 아까시나무가 있었다.
아까시나무는 일제강점기 때 일본인이 들여왔다고 한다.

양재천 둑방 아까시나무. 지금은 베어졌다.

그러다 한국전쟁 이후 정부의 산림녹화 사업을 통해 전국으로 확산되었다. 아까시나무는 번식력이 왕성하고 뿌리에 콩처럼 질소 고정 박테리아가 있어 척박한 땅에서 잘 자라며 토양의 질을 개선한다. 한국전쟁을 거치면서 황폐해진 우리의 산에 매우 적합한 수종이었을 것이다. 이렇게 심어진 아까시나무를 처음 본 곳은 어릴 때 살던 수안보 그리고 충주에 살 때 사과 과수원의 울타리다. 가시가 있어 과수원에 서리 방지용 울타리로 많이 심었다. 하굣길에 배가 고프면 아까시 꽃송이를 손으로 잡고 한 움큼씩 훑어서 먹었다. 꽃 속에 들어 있는 꿀의 달짝지근한 맛은 군것질 대용이었다. 아까시가 어디서 들어왔건 나에게는 상관없던 시절이었다. 나중에 알았지만, 아까시나무는 햇빛이 잘 드는 곳에서만 사는 '극양수'이기에 숲이 안정되면 다른 나무에 밀려 서서히 사라진다고 한다. 이런 이유로 한때 침입종이라고 또 너무 번식력이 강하다고 배척당했던 아까시나무는 요즘 보기 쉽지 않은 나무가 되었다. 오히려 아까시나무가 사라져서 양봉업자들의 수입이 줄었다고 하니 모든 것에는 양면이 있다고 생각하게 된다.

늦봄이 되면 과천과 양재동 사이의 양재천 둑방길에 향기로운 하얀 꽃을 흐드러지게 피우는, 그리 크지 않은 아까시나무가 있었다. 어느 날 아침 자전거 출근길에 풍기는 익숙한 향기를 따라 고개를 드니 둑방 위 아까시나무에 하얀 꽃이 만개했다. 마침내 기다리던 저녁 퇴근길, 카메라와 삼각대, 조명을 자전거 뒤에 싣고 다시 그 아까시나무로 갔다. 밤이 되어도 그 강렬한 아까시 꽃향기는 여전했다. 눈을 감고도 찾을 수 있을 것 같았다. 몇 시간의 촬영을 마치고 난 후, 꽃 한 송이를 따서 입에 넣었다. 꽃향기와 함께 잊고 있었던 어린 날의 아련한 추억들이 선물 보따리 터지듯 새어 나와 머릿속을 뒤흔들었다. 아카시아꽃 향이 기억을 소환했다. 너무나 많은 것을 그동안

잊고 살았다.

그 뒤로 근처를 지날 때마다 아까시나무를 보았다. 내가 촬영한 특별한 나무였으니까.

가을이 되고 겨울로 접어들던 어느 날, 출근길에 아무리 찾아도 그 나무가 보이지 않았다. 둑방길에 기어 올라가 보고 나서야 그 나무가 잘려져 어디론가 사라져버렸다는 걸 알게 되었다. 내가 촬영한 사진이 내가 좋아하던 그 아까시나무의 영정 사진이 되고 말았다. 그렇게 그 아까시나무는 내게 또 하나의 추억이 되었다.

추억은 언제나 향과 함께 후각으로 먼저 왔다.

언젠가 아까시나무가 완전히 사라지고, 그래서 그 꽃향기마저 기억에서 사라져버릴지도 모른다.

하지만 그 전에 내가 먼저 사라질 거란 사실, 그리하여 나의 추억 역시 모두 사라질 것을 잘 안다.

그러니 아까시, 너무 슬퍼하지 않기를. 🌿

공세리 성당 팽나무

공세리 성당의 '문지기' 팽나무

공세리 성당 입구 왼쪽에는 뿌리를 일부 드러낸 강인한 인상의 나무 한 그루가 우뚝 서 있다. 성당의 문지기 나무로 불리는 팽나무다.

공세리 성당은 1890년에 설립된 가톨릭 성당이다. 주보성인(수호성인)은 성 베네딕토이고, 충청남도 아산시 인주면 공세리에 있으며 천주교 대전교구 소속이다. 한국 천주교회에서 아홉 번째이자 대전교구에서 첫 번째로 설립된 공세리 성당은 130여 년의 역사를 자랑하는 순교 성지이자 역사적 가치가 높아 충청남도 기념물 제144호로 지정되었다. 성당에는 이 지역에서

신앙생활을 하다 병인박해 때 목숨을 바친 32명의 순교자가 모셔져 있다. 대부분은 내포 지방(충남 삽교천 서쪽인 아산만 일대로 공주, 부여, 서천, 논산 지역을 포함)에서 나왔다.

공세리 성당은 1890년 프랑스 외방선교회 '파스키에' 신부에 의해 예산 간양골에서 시작되었고, 그 후 5년 뒤 '에밀 드비즈' 신부에 의해 지금의 장소에 자리 잡게 되었다. 드비즈 신부는 이곳에서 많은 일을 했는데 우리에게 반가운 업적 중 하나는 '이명래 고약'으로 알려진 바로 그 고약의원 개발자였다는 사실이다. 자신만의 방법으로 고약을 만들어 무료로 나누어주었는데, 그 비법을 당시 드비즈 신부를 도와주었던 '이명래(요한)'에게 전수하여 전국적으로 보급되었다. 마음과 동시에 육체를 치유한 셈이다. 물론 나도 어릴 때 불에 녹인 그 고약을 잔뜩 긴장하며 붙여본 적이 있다. 드비즈 신부는 35년간 주임신부로 재직하다 병세가 깊어져 프랑스로 가자마자 1년 후인 1933년에 사망했는데, 신부를 추모하기 위해 공세리 성당 박물관에 프랑스에 있는 그의 묘지석을 재현해놓았다.

아무튼 '이명래 고약의 발원지'인 공세리 성당에는 400년 가까이 된 보호수 두 그루와 그보다 젊은 네 그루의 보호수가 있다.

그 400년 된 보호수 중의 하나가 바로 앞에 언급한 '문지기 팽나무'다.

높은 언덕에 우뚝 서 있는 근대 고딕식 조적조 건물인 공세리 성당은 그 원형이 잘 보존되어 있고 '수려한 자연 경관'과 잘 어우러져 2005년 한국관광공사로부터 '우리나라에서 가장 아름다운 성당'으로 선정되었다. 수려한 자연경관은 입구와 주변에 있는 보호수들과 성당이 위치한 언덕을 지칭하는 것은 당연하다. 적당한 경사지 위에 위치한 성당 입구 왼쪽에서 성당을 호위하듯이 서 있는 나무의 위용은 실로 대단하다. 천혜의 지정학적 위치와 함께, 고풍스럽고 소박한 공세리 성당과 보호수들이 어울려 빚어내는 아름다움으로 인해 공세리 성당은 이미 수많은 영화와 드라마에 배경으로 등장했다. 그중 하나인 드라마 「아이리스2」에는 성전 제의실에서 지하 통로를 통해 성체조배실로 나가는 장면이 있는데 이를 본 많은 사람이 이 통로를 찾으러 성당에 왔다고 한다. 하지만 실제로는 성전과 성체조배실은 완전히 분리된 건물로 비밀 통로 같은 건 없다. 미디어의 대단한 힘이 아닐 수 없다.

이곳 보호수 나무들의 나이가 약 400년, 성당이 세워진 것이 1890년이니 성당이 세워질 당시 이곳에는 거의 250년이 넘은 나무들이 있었다. 성당을 세운 사람들도 나무를 보고 어울리는 위치를 고심하여 성당을 설계하고 시공했을 것이다. 그 아름다운 결과물을 지금 우리가 보고 있다. 이미 커다란 나무가 있으니, 성당을 그에 어울리게 지은 마음이 아름답다. 어렸을 때 잠실 주공아파트에 살았는데 아파트가 오래되니 키가 5층을 넘어서는 커다란 나무들이 무척 많았다. 재건축할 때 작은 나무는 경매로 팔았지만, 큰 나무는 이식의 어려움 때문인지, 또는 재건축 기간 임시로 옮겨 심을 장소 마련에 드는 비용 때문인지 결국 잘리고 말았다는 이야기를 들었다. 지금도 추억이 깃든 그 나무들을 생각하면 마음이 가라앉는다.

건축하는 분들은 공세리 성당을 꼭 가보시길 바란다.
모든 건축물은 결국 자연과의 조화로 완성된다. 그 자연의 중심에 나무가 있음은 말할 것도 없겠다.

400년 가까이 된 느티나무

파주 아버지 느티나무

파주 법흥리 느티나무

경기도 파주시 법흥리에 가면 특별한 느낌을 주는 500년 묵은 느티나무 보호수가 한 그루 있다.

사람으로 치면 우람한 몸통에 머리는 없고, 심장이 있을 가슴 부근엔 둥글고 커다란 수술 자국이 있는 그런 나무다. 하지만 좌우로 뻗은 두 가지는 아직 건재함을 과시하는 듯했다.

느티나무를 보자마자 나의 아버지가 생각났다.

아버지는 대대로 농사꾼이었다. 밭농사에 논농사, 소 목장에 지금은 사과 과수원까지, 농사라면 안 해본 것이 없는 사람이다. 오직 자기 손으로 땀 흘려 거둔 것이어야만 자신의 것인 줄 아는 사람이었다. 어릴 때 대화도 거의 없었다. 그러니 이렇다 할 추억도 없다. 내가 기억하는 모습은 아침 일찍 일하러 나갔다가 밤늦게 들어오는 모습이 전부였다. 한시도 쉬는 순간이 없었다. 유기농 과수원이라 바닥에 풀이 좀 있어야 좋다고 그렇게 여러 번 말해도 수시로 예초기를 돌리고, 김을 매어 풀 한 포기 없이 과수원을 관리했다. 왜 저렇게 일만 할까. 철이 들고 나서, 아버지의 꿈은 뭐였을까 생각해본 적이 있다. 자신의 꿈이 없는 사람처럼 보였기 때문이다. 하지만 물어보진 않았다.

나이가 더 들고 난 지금, 혹시 아버지의 꿈은 '가족'이 아니었을까 생각해본다. 가족을 먹여 살리기 위해 자신의 꿈은 잊고, 뛰는 심장도 버리고 매일매일을 고군분투하는 삶이 아버지의 삶은 아니었을까. 혹시나 생계라는 무거운 짐을 지고 한 걸음 한 걸음 걸어갈 수밖에 없는 고단한 삶이지는 않았을까.

이젠 지팡이까지 짚고 있다.

[파주 아버지 느티나무]

여기저기 수술한 흔적

법흥리 나무도 끝없이 바위를 굴려 올려야 하는 '시시포스'와 같은 존재로 보였다. 끊임없는 노동을 해야 하는 고단한 노동자의 삶을 닮은, 아니 우리들 아버지를 상징하는 나무처럼 보였다. 더 높이 더 크게 자랄 수 있었던 가운데 주된 가지는 언젠가 사라지고, 양옆으로 뻗은 두 가지로 힘겹게 버티고 있는 나무였다. 그 좌우로 뻗은 두 가지는 노동으로 단련된 아버지의 팔뚝 같았다. 어느덧 뛰던 심장마저 사라져버린 자리, 시멘트로 막아놓은 몸통의 흔적을 외면할 수 없었다. 아무 말 없이, 미동도 없이 서 있는 나무를 보는 것만으로도 한마디로 규정할 수 없는 연민과 슬픔이 밀려왔다.

　약 400년 전, 광산 김씨 일가가 이곳에 정착하여 마을을 개척할 때, 후손들이 느티나무처럼 넓게 퍼져 번성하라는 마음으로 심은 나무라고 하니 더욱 그런 생각을 했는지도 모르겠다. 1982년 보호수 지정 당시 수령이 450년이니 지금은 거의 500년이 되어 간다. 그 500년 동안 광산 김씨는 얼마나 번성했을까.

　나무 아래에 앉아 짧지 않은 시간 상념에 잠기다 해가 지고 난 후 가지고 있던 와인 한 잔 부어드리고 촬영을 시작했다. 가장 아름답고 가장 신비롭게, 노인들 장수 사진 찍기 전 분장하듯이 그렇게 정성을 다해 조명을 했다. 분위기를 전혀 다르게 만들어준다는 면에서 사진의 조명은 여성들이 하는 화장과 같다.

　촬영이 끝나고 느티나무를 떠나며, 언제 나의 아버지도 이렇게 사진을 찍어드려야겠다고 생각했다. 그런 생각을 하자마자 동시에 아버지의 목소리가 들리는 듯했다.

　"사진을 뭐 하러. 됐다, 안 찍을란다!"

[파주 아버지 느티나무]

조명을 받은 법흥리 느티나무

법성포 숲쟁이와 요술상자

서편 숲쟁이

지금 굴비로 유명한 영광 법성포는 조선시대 때부터 전라도 지역의 곡물을 한양의 광흥창으로 옮겨가기 위한 중요한 포구였기 때문에 당시에는 목포나 군산보다 선박 적재 규모가 두 배나 많았다고 한다.

1897년 10월에 목포항이 개항되고 나서 1905년부터 일본인이 법성포에 들어오기 시작했고, 일본으로부터 국권 피탈을 당했던 1910년 이후에 법성포는 '신작로'라는 차도가 만들어지고, 1911년에 일본 후쿠오카 출신인 오우치가 포내 해변가를 매축하여 1만5000여 평의 택지를 조성하는 등 많은 일본인이 들어오기 시작했다.

풍수가들은 옛날부터 법성포를 "물 가운데 누워 있는 소의 형국이라 했고, 법성포의 '숲쟁이' 위치를 누워 있는 소의 허리"라 했다. 국립국어원의 '표준국어대사전'에는 마을 근처에 있는 수풀을 '숲정이'라고 한다고 소개되어 있으니 '숲쟁이'는 마을 숲을 의미한다.

동편 숲쟁이

일제강점기에 일본 사람들이 '법성포가 큰 인물이 나올 고을'이라고 하여 소가 힘을 쓰지 못하도록 소 허리라 불린 숲쟁이에 쇠말뚝을 깊이 박았다. 바로 일제의 풍수 침략행위였다. 이후 광복이 되자 이 쇠말뚝을 파버렸는데, 쇠말뚝을 파낸 자리에 큰 웅덩이가 생겨 이 웅덩이를 메우느라 동네 사람들이 고생했다고 한다. 결국 이 웅덩이는 동네 사람들이 연탄재를 모두 이곳에 버려 지금 숲쟁이의 형상이 되었다.

아무튼 이 숲쟁이는 입지상 법성포 사람들의 휴게공간으로 안성맞춤이었다. 조선시대에는 법성포 동북쪽 지역에서 법성진성에 접해 있는 이곳을 지나 상동문을 이용했고, 큰 나무는 세곡을 납부하기 위해 법성포를 왕래하는 수많은 사람에게 한여름 시원한 그늘막이 되었다. 여기에 더해 지형적으로 칠산 해역에서 불어오는 시원한 바람의 통로인 이곳에서 무더위를 식힐 수 있었다. 또, 비교적 너른 공터가 있어 여러 사람이 어울리고 뒤섞였으며, 많은 장사꾼이 몰려 장사하기도 좋은 곳이었다.

숲쟁이의 오래된 나무

실제 국권피탈 이후, 법성포가 빠르게 변화하던 시기에 일본 후쿠오카에 살던 '마지마'라는 사람이 훈도시 차림으로 유성기(축음기)를 하나 가지고 법성포에 왔다. 그는 이곳 법성포 숲쟁이에 유성기를 설치하고 틀었다. 그러자 '예쁜 아가씨가 사방이 한 자 정도 되는 좁디좁은 네모난 상자 속에서 꾀꼬리 같은 목소리로 별의별 노래를 부른다'는 소문이 법성포뿐만 아니라, 영광, 홍농, 공음, 해리, 상하, 백수 등지로 순식간에 퍼져 나가 화제가 되었고 많은 사람이 모여들었다.

일주일쯤 지났을 때, 약삭빠른 마지마는 숲쟁이에 천막을 치고 주변에 광목 울타리를 친 다음 유성기를 보고 싶고, 노래를 들으려는 사람들로부터 동전을 받았다. 신문명에 어두웠던 시절이라 일본인 장사꾼의 상술에 당한 셈이다. 이렇게 유성기로 떼돈을 번 마지마는 1914년 4월 법성리에 병원을 차렸다.

역사적으로 많은 일화를 간직한 숲쟁이에 일제강점기에 큰 사건이 두 번 있었는데, 그중의 하나가 조선시대 때부터 있던 단오제가 1907년 의병 항쟁의 영향으로 해방을 맞을 때까지 열리지 못한 것이고, 다른 하나는 1923년에 일본인들이 조선시대 첨사들의 공덕비를 가져가 다릿돌로 쓰는 데 분노한 법성포 노인들이 이를 회수해 이곳 숲쟁이로 옮긴 사건이다. 이 공덕비들은 지금은 다시 '비각거리'에 옮겨져 전시되고 있다.

해방 후 법성포단오제의 본무대로 이용되며 '숲쟁이공원'으로 불리던 숲쟁이는 1988년에 전라남도 문화재(기념물 제118호)가 되었고, 2002년에 옆에 붙어 있는 '법성진성'도 전라남도 문화재(기념물 제205호)가 되었다. 2006년 산림청이 주관한 '숲 전국대회'에서 '어울림상'을 받았고, 2007년 국가지정 문화재 제22호로 승격되었다.

오랜만에 법성포를 방문하여 '법성향지 편찬위원회' 김범진 위원장께

'숲쟁이'에 대한 자세한 이야기를 들을 수 있었다. 김 위원장님은 숲쟁이뿐만 아니라, 법성포의 잊힌 사료들을 찾고 그 사료를 바탕으로 잘못된 역사를 바로잡아 정리하는 일을 하고 있었다.

늦여름에서 점차 가을로 물들어가는 오후의 햇살이 내리는 숲쟁이, 아름드리 팽나무와 느티나무 가득한 숲이 만들어낸 그림자가 열심히 숲쟁이를 설명하는 김 위원장의 얼굴에 아른거렸다.
그 모습을 보며, 오랜 시간 사람들과 함께한 법성포 숲쟁이가 앞으로도 오랫동안 건강하게 우리 곁에 남아 있을 거라는 생각을 했다.
훗날 어쩌면 나의 모습도 그러하길 바랐다.

숲쟁이 일화와 역사를 설명하는 '법성향지 편찬위원회' 김범진 위원장

에 필 로 그

나무를 촬영하던 어느 날 '예술가로 열심히 창작하다 가는 것은 아름다운 일이지만, 더 근본적인 무엇이 있지 않을까?' 생각했다. 인간에게 가장 가치 있는 것은 내게 '생명과 예술'이었다. 생명은 곧 자연에서 주어졌으며, 예술은 우리 인간이 창조한 것 중에 가장 아름다운 것이었다. 결국 자연을 대표하는 나무, 그 나무를 예술로 표현하는 나무 사진가가 되었지만, 마음 한구석에는 아직 뭔지 모를 허전함이 남아 있었다.

2013년 첫 '푸른 나무' 사진전을 하고 우연히 TED에서 다큐멘터리 사진가 세바스티앙 살가도Sebastiao Salgado의 강연을 보았다. 전쟁과 기아, 열악한 노동현장을 고발하던 사진가에서 나아가, 그 모든 참혹함이 없었을 태초의 지구, 그 모습이 남아 있는 북극과 남극, 아마존 등 자연을 기록하여 사람들 저마다에 내재되어 있을 평화와 아름다움을 재발견하게 해주는 사진가로 진화한 과정도 훌륭했지만, 내게 더 와 닿았던 것은 부모로부터 물려받은 황폐한 농장에다 가족과 함께 250만 그루의 나무를 심어 원래의 울창했던 밀림으로 되돌린 사진을 보고 크게 감동받았다. 가족과 함께 복원한 그 농장에 브라질에서 가장 큰 환경 교육센터를 만들어 운영하다 2025년 5월 23일, 81세로 별세했다.

그 강연을 본 순간, 내가 느꼈던 허전함이 무엇인지 알았다.

나는 여기에서 한 발 더 나아가 '예술의 숲'을 만들고 싶어졌다. 대부분이 숲인 작은 마을에 예술가들이 어울려 나무를 가꾸며 창작하는 곳, 그 예술가들이 미래의 예술가들에게 살아 있는 교육을 하는 곳, 주말에는 문을 열어 오는 분들이 마을 주변 숲을 산책하고 다시 마을로 돌아와 전시와 공연을 보며 자연과 예술을 가슴 가득 담아갈 수 있는 '예술의 숲'을.

나무와 숲이 사라진 곳에서는 문명도 사라졌다는 글을 읽은 적이 있다. 자연이 사라지고 예술이 사라진 곳에서는 모든 생명도 사라지고 결국 인간마저 사라질 거라고 생각했다. 한 사람의 예술가로 살아가는 것도 멋진 일이지만, 다 같이 나아가는 한 걸음의 힘과 가치를 깨닫게 되었다.

마침내 2022년 6월, 뜻을 같이 하는 몇몇 지인과 함께 문화체육관광부의 승인을 받아 '예술의숲 사회적협동조합'을 설립했다. 느리지만, 우리의 목표를 향하여 한발한발 나아가는 중이다. 언젠가 그런 마을이 만들어지면 그 마을 한 구석에 작은 나무 한 그루를 심으려 한다. 마침내 내가 흙으로 돌아갈 때, 한줌 재가 되어 그 나무 아래 거름으로 뿌려지길 소망한다.

이 책을 쓰며 확신했다. '책은 인간이 남길 수 있는, 아직까지 가장 신뢰할 수 있는 기록이다.' 긴 글을 쓰는 것에 익숙하지 않았던 내가 끝까지 쓸 수 있는 인내심을 발휘한 이유이기도 하다. 미흡한 이 책을 통하여 한 사람이라도 나무와 숲을, 나아가 자연을 사랑할 수 있다면, 그래서 예술의 숲과 같은 곳이 많이 생겨 보다 많은 사람이 자연과 예술 속에서 행복한 삶을 누릴 수 있다면 좋겠다는 작은 희망이 생겼다.

그래서 이 책은 내 꿈을 위한 작은 기록이자 희망을 향한 한 걸음이기도 하다.

이 책을 보시는 분들과 언젠가 마음의 그 길 같이 갈 수 있기를.

참고자료

『경향신문』 백련사 관련 기사
『대한민국 구석구석』, 한국관광공사
『대한민국 대표여행지 52』, 유연태 지음, 넥서스BOOKS
『대한일보』
『세계 약용식물 백과사전 1』, 자오중전·샤오페이건 지음, 성락선 옮김, 한국학술정보
『숲에서 길을 찾다. 아름다운 숲』, (사)생명의숲
『영남일보』
『우리 생활 속의 나무』, 정헌관, 어문각
『이야기가 있는 보호수』, 산림청
『제주일보』
『중앙일보』
『한겨레21』
jisimdoro.com
공세리성당 홈페이지, 성당 안내판
국가유산청 국가유산포털
국가유산청-국가유산포털, 김범진(『법성향지』 편찬위원회 위원장)
나무위키
남태평양관광기구 홈페이지
네이버 지식백과
다산연구소
두산백과 두피디아
매헌시민의 숲, 서초구
백련사 홈페이지
법성문화진흥원 블로그 '숲쟁이'
양수리-한민족백과대사전
연합뉴스
오매광주
정약용-한국민족문화대백과사전
제주4·3사건진상조사보고서
죽녹원 홈페이지
한국문화원연합회
한국민족문화대백과
한국학중앙연구원
향토문화전자대전
화순동면중학교홈페이지
화순우리신문
환경재단

느린 인간
ⓒ이열

초판 인쇄 2025년 6월 6일
초판 발행 2025년 6월 16일

지은이   이열
펴낸이   강성민
편집장   이은혜
기획   정연혜
마케팅   정민호 박치우 한민아 이민경 박진희 황승현 김경언
브랜딩   함유지 박민재 이송이 김희숙 박다솔 조다현 김하연 이준희
제작   강신은 김동욱 이순호

펴낸곳   ㈜글항아리 | 출판등록 2009년 1월 19일 제406-2009-000002호
주소   10881 경기도 파주시 문발로 214-12, 4층
전자우편 bookpot@hanmail.net
전화번호 031-955-2689(마케팅) 031-941-5161(편집부)
팩스   031-941-5163

ISBN   979-11-6909-405-4 03800

잘못된 책은 구입하신 서점에서 교환해드립니다.
기타 교환 문의 031-955-2689, 3580

www.geulhangari.com